DE LA

DÉMOCRATIE

EN AMÉRIQUE.

PARIS. — IMPRIMERIE CLAYE ET TAILLEFER
RUE SAINT-BENOÎT, 7.

DE LA
DÉMOCRATIE
EN AMÉRIQUE

PAR

ALEXIS DE TOCQUEVILLE
Membre de l'Institut.

CINQUIÈME ÉDITION

REVUE, CORRIGÉE

et augmentée d'un Avertissement et d'un Examen comparatif de la Démocratie
aux États-Unis et en Suisse.

TOME QUATRIÈME

PARIS
PAGNERRE, ÉDITEUR
RUE DE SEINE, 14 BIS.

1848

DE LA DÉMOCRATIE EN AMÉRIQUE.

TROISIÈME PARTIE.

INFLUENCE DE LA DÉMOCRATIE SUR LES MŒURS PROPREMENT DITES.

CHAPITRE I.

Comment les mœurs s'adoucissent à mesure que les conditions s'égalisent.

Nous apercevons, depuis plusieurs siècles, que les conditions s'égalisent, et nous découvrons en même temps que les mœurs s'adoucissent. Ces deux choses sont-elles seulement contemporaines, ou existe-t-il entre elles quelque lien secret, de telle sorte que l'une ne puisse avancer sans faire marcher l'autre ?

Il y a plusieurs causes qui peuvent concourir à rendre les mœurs d'un peuple moins rudes ; mais, parmi toutes ces causes, la plus puissante me paraît être l'égalité des conditions. L'égalité des conditions et l'adoucissement des mœurs ne sont donc pas seulement à mes yeux des événements contemporains, ce sont encore des faits corrélatifs.

Lorsque les fabulistes veulent nous intéresser aux actions des animaux, ils donnent à ceux-ci des idées et des passions humaines. Ainsi font les poètes quand ils parlent des génies et des anges. Il n'y a point de si profondes misères, ni de félicités si pures qui puissent arrêter notre esprit et saisir notre cœur, si on ne nous représente à nous-mêmes sous d'autres traits.

Ceci s'applique fort bien au sujet qui nous occupe présentement.

Lorsque tous les hommes sont rangés d'une manière irrévocable, suivant leur profession, leurs biens et leur naissance, au sein d'une société aristocratique, les membres de chaque classe se considérant tous comme enfants de la même famille, éprouvent les uns pour les autres une sympathie continuelle et active qui ne peut jamais se rencontrer au même degré parmi les citoyens d'une démocratie.

. Mais il n'en est pas de même des différentes classes vis-à-vis les unes des autres.

Chez un peuple aristocratique chaque caste a ses opinions, ses sentiments, ses droits, ses mœurs, son existence à part. Ainsi les hommes qui la composent ne ressemblent point à tous les autres; ils n'ont point la même manière de penser ni de sentir, et c'est à peine s'ils croient faire partie de la même humanité.

Ils ne sauraient donc bien comprendre ce que les autres éprouvent, ni juger ceux-ci par eux-mêmes.

On les voit quelquefois pourtant se prêter avec ardeur un mutuel secours; mais cela n'est pas contraire à ce qui précède.

Ces mêmes institutions aristocratiques, qui avaient rendu si différents les êtres d'une même espèce, les avaient cependant unis les uns aux autres par un lien politique fort étroit.

Quoique le serf ne s'intéressât pas naturellement au sort des nobles, il ne s'en croyait pas moins obligé de se dévouer pour celui d'entre eux qui était son chef; et, bien que le noble se crût d'une autre nature que les serfs, il jugeait néanmoins que son devoir et son honneur le contraignaient à défendre, au péril de sa propre vie, ceux qui vivaient sur ses domaines.

Il est évident que ces obligations mutuelles ne

naissaient pas du droit naturel, mais du droit politique, et que la société obtenait plus que l'humanité seule n'eût pu faire. Ce n'était point à l'homme qu'on se croyait tenu de prêter appui; c'était au vassal ou au seigneur. Les institutions féodales rendaient très-sensible aux maux de certains hommes, non point aux misères de l'espèce humaine. Elles donnaient de la générosité aux mœurs plutôt que de la douceur, et, bien qu'elles suggérassent de grands dévouements, elles ne faisaient pas naître de véritables sympathies; car il n'y a de sympathies réelles qu'entre gens semblables; et, dans les siècles aristocratiques, on ne voit ses semblables que dans les membres de sa caste.

Lorsque les chroniqueurs du moyen âge, qui tous, par leur naissance ou leurs habitudes, appartenaient à l'aristocratie, rapportent la fin tragique d'un noble, ce sont des douleurs infinies; tandis qu'ils racontent tout d'une haleine et sans sourciller le massacre et les tortures des gens du peuple.

Ce n'est point que ces écrivains éprouvassent une haine habituelle ou un mépris systématique pour le peuple. La guerre entre les diverses classes de l'État n'était point encore déclarée. Ils obéissaient à un instinct plutôt qu'à une passion; comme ils ne se formaient pas une idée nette des souffrances du pauvre, ils s'intéressaient faiblement à son sort.

Il en était ainsi des hommes du peuple, dès que le lien féodal venait à se briser. Ces mêmes siècles qui ont vu tant de dévouements héroïques de la part des vassaux pour leurs seigneurs, ont été témoins de cruautés inouies, exercées de temps en temps par les basses classes sur les hautes.

Il ne faut pas croire que cette insensibilité mutuelle tînt seulement au défaut d'ordre et de lumières; car on en retrouve la trace dans les siècles suivants, qui, tout en devenant réglés et éclairés, sont encore restés aristocratiques.

En l'année 1675 les basses classes de la Bretagne s'émurent à propos d'une nouvelle taxe. Ces mouvements tumultueux furent réprimés avec une atrocité sans exemple. Voici comment madame de Sévigné, témoin de ces horreurs, en rend compte à sa fille:

Aux Rochers, 3 octobre 1675.

« Mon Dieu, ma fille, que votre lettre d'Aix est
« plaisante. Au moins relisez vos lettres avant que
« de les envoyer. Laissez-vous surprendre à leur
« agrément et consolez-vous, par ce plaisir, de la
« peine que vous avez d'en tant écrire. Vous avez
« donc baisé toute la Provence? il n'y aurait pas
« satisfaction à baiser toute la Bretagne, à moins

« qu'on n'aimât à sentir le vin. Voulez-vous savoir
« des nouvelles de Rennes? On a fait une taxe de
« cent mille écus, et si on ne trouve point cette
« somme dans vingt-quatre heures elle sera doublée
« et exigible par les soldats. On a chassé et banni
« toute une grande rue, et défendu de recueillir
« les habitants sous peine de la vie; de sorte qu'on
« voyait tous ces misérables, femmes accouchées,
« vieillards, enfants, errer en pleurs au sortir de
« cette ville sans savoir où aller, sans avoir de
« nourriture, ni de quoi se coucher. Avant-hier
« on roua le violon qui avait commencé la danse
« et la pillerie du papier timbré; il a été écartelé,
« et ses quatre quartiers exposés aux quatre coins
« de la ville. On a pris soixante bourgeois, et on
« commence demain à pendre. Cette province est
« un bel exemple pour les autres, et surtout de
« respecter les gouverneurs et les gouvernantes,
« et de ne point jeter de pierres dans leur jardin (1).

« Madame de Tarente était hier dans ces bois
« par un temps enchanté. Il n'est question ni de
« chambre ni de collation. Elle entre par la barrière
« et s'en retourne de même..... »

Dans une autre lettre elle ajoute :

« Vous me parlez bien plaisamment de nos mi-

---

(1) Pour sentir l'à-propos de cette dernière plaisanterie, il faut se rappeler que madame de Grignan était gouvernante de Provence.

« sères; nous ne sommes plus si roués; un en huit
« jours, pour entretenir la justice. Il est vrai que
« la penderie me paraît maintenant un rafraîchis-
« sement. J'ai une tout autre idée de la justice,
« depuis que je suis en ce pays. Vos galériens me
« paraissent une société d'honnêtes gens qui se
« sont retirés du monde pour mener une vie
« douce. »

On aurait tort de croire que madame de Sévigné, qui traçait ces lignes, fût une créature égoïste et barbare : elle aimait avec passion ses enfants, et se montrait fort sensible aux chagrins de ses amis; et l'on aperçoit même, en la lisant, qu'elle traitait avec bonté et indulgence ses vassaux et ses serviteurs. Mais madame de Sévigné ne concevait pas clairement ce que c'était que de souffrir quand on n'était pas gentilhomme.

De nos jours, l'homme le plus dur, écrivant à la personne la plus insensible, n'oserait se livrer de sang-froid au badinage cruel que je viens de reproduire, et, lors même que ses mœurs particulières lui permettraient de le faire, les mœurs générales de la nation le lui défendraient.

D'où vient cela? Avons-nous plus de sensibilité que nos pères? Je ne sais; mais, à coup sûr, notre sensibilité se porte sur plus d'objets.

Quand les rangs sont presque égaux chez un peuple, tous les hommes ayant à peu près la même manière de penser et de sentir, chacun d'eux peut juger en un moment des sensations de tous les autres : il jette un coup d'œil rapide sur lui-même ; cela lui suffit. Il n'y a donc pas de misères qu'il ne conçoive sans peine, et dont un instinct secret ne lui découvre l'étendue. En vain s'agira-t-il d'étrangers ou d'ennemis : l'imagination le met aussitôt à leur place. Elle mêle quelque chose de personnel à sa pitié, et le fait souffrir lui-même tandis qu'on déchire le corps de son semblable.

Dans les siècles démocratiques, les hommes se dévouent rarement les uns pour les autres ; mais ils montrent une compassion générale pour tous les membres de l'espèce humaine. On ne les voit point infliger de maux inutiles, et quand, sans se nuire beaucoup à eux-mêmes, ils peuvent soulager les douleurs d'autrui, ils prennent plaisir à le faire ; ils ne sont pas désintéressés, mais ils sont doux.

Quoique les Américains aient pour ainsi dire réduit l'égoïsme en théorie sociale et philosophique, ils ne s'en montrent pas moins fort accessibles à la pitié.

Il n'y a point de pays où la justice criminelle soit administrée avec plus de bénignité qu'aux États-Unis. Tandis que les Anglais semblent vouloir conserver précieusement dans leur législation pénale les traces sanglantes du moyen-âge, les Américains ont presque fait disparaître la peine de mort de leurs codes.

L'Amérique du nord est, je pense, la seule contrée sur la terre où, depuis cinquante ans, on n'ait point arraché la vie à un seul citoyen pour délits politiques.

Ce qui achève de prouver que cette singulière douceur des Américains vient principalement de leur état social, c'est la manière dont ils traitent leurs esclaves.

Peut-être n'existe-t-il pas, à tout prendre, de colonie européenne dans le Nouveau-Monde où la condition physique des noirs soit moins dure qu'aux États-Unis. Cependant les esclaves y éprouvent encore d'affreuses misères, et sont sans cesse exposés à des punitions très-cruelles.

Il est facile de découvrir que le sort de ces infortunés inspire peu de pitié à leurs maîtres, et qu'ils voient dans l'esclavage non seulement un fait dont ils profitent, mais encore un mal qui ne les touche guère. Ainsi, le même homme qui est plein d'humanité pour ses semblables quand ceux-ci sont en même temps ses égaux, devient insensible à leurs douleurs dès que l'égalité cesse. C'est donc à cette égalité qu'il faut attribuer sa douceur, plus encore qu'à la civilisation et aux lumières.

Ce que je viens de dire des individus s'applique jusqu'à un certain point aux peuples.

Lorsque chaque nation a ses opinions, ses croyances, ses lois, ses usages à part, elle se considère comme formant à elle seule l'humanité tout entière, et ne se sent touchée que de ses propres douleurs. Si la guerre vient à s'allumer entre deux peuples disposés de cette manière, elle ne saurait manquer de se faire avec barbarie.

Au temps de leurs plus grandes lumières, les Romains égorgeaient les généraux ennemis, après les avoir traînés en triomphe derrière un char, et livraient les prisonniers aux bêtes pour l'amusement du peuple. Cicéron, qui pousse de si grands gémissements à l'idée d'un citoyen mis en croix, ne trouve rien à redire à ces atroces abus de la victoire. Il est évident qu'à ses yeux un étranger n'est point de la même espèce humaine qu'un Romain.

A mesure, au contraire, que les peuples deviennent plus semblables les uns aux autres, ils se montrent réciproquement plus compatissants pour leurs misères, et le droit des gens s'adoucit.

CHAPITRE II.

Comment la démocratie rend les rapports habituels des Américains plus simples et plus aisés.

La démocratie n'attache point fortement les hommes les uns aux autres ; mais elle rend leurs rapports habituels plus aisés.

Deux Anglais se rencontrent par hasard aux antipodes ; ils sont entourés d'étrangers dont ils connaissent à peine la langue et les mœurs.

Ces deux hommes se considèrent d'abord fort curieusement et avec une sorte d'inquiétude secrète ; puis ils se détournent, ou, s'ils s'abordent, ils ont soin de ne se parler que d'un air contraint et distrait, et de dire des choses peu importantes.

Cependant il n'existe entre eux aucune inimitié ; ils ne se sont jamais vus, et se tiennent réciproquement pour fort honnêtes. Pourquoi mettent-ils donc tant de soin à s'éviter ?

Il faut retourner en Angleterre pour le comprendre.

Lorsque c'est la naissance seule, indépendamment de la richesse, qui classe les hommes, chacun sait précisément le point qu'il occupe dans l'échelle sociale ; il ne cherche pas à monter, et ne craint pas de descendre. Dans une société ainsi organisée, les hommes des différentes castes communiquent peu les uns avec les autres ; mais, lorsque le hasard les met en contact, ils s'abordent volontiers, sans espérer ni redouter de se confondre. Leurs rapports ne sont pas basés sur l'égalité ; mais ils ne sont pas contraints.

Quant à l'aristocratie de naissance succède l'aristocratie d'argent, il n'en est plus de même.

Les priviléges de quelques-uns sont encore très-grands, mais la possibilité de les acquérir est ouverte à tous ; d'où il suit que ceux qui les possèdent sont préoccupés sans cesse par la crainte de les perdre ou de les voir partager : et ceux qui ne les ont pas encore veulent à tout prix les posséder, ou, s'ils ne peuvent y réussir, le paraître ; ce qui n'est point impossible. Comme la valeur sociale des hommes n'est plus fixée d'une manière ostensible et permanente par le sang, et qu'elle varie à l'infini suivant la richesse, les rangs existent toujours, mais on ne voit plus clairement et du premier coup d'œil ceux qui les occupent.

Il s'établit aussitôt une guerre sourde entre tous les citoyens; les uns s'efforcent, par mille artifices, de pénétrer en réalité ou en apparence parmi ceux qui sont au-dessus d'eux; les autres combattent sans cesse pour repousser ces usurpateurs de leurs droits, ou plutôt le même homme fait les deux choses, et tandis qu'il cherche à s'introduire dans la sphère supérieure, il lutte sans relâche contre l'effort qui vient d'en bas.

Tel est de nos jours l'état de l'Angleterre, et je pense que c'est à cet état qu'il faut principalement rapporter ce qui précède.

L'orgueil aristocratique étant encore très-grand chez les Anglais, et les limites de l'aristocratie étant devenues douteuses, chacun craint à chaque instant que sa familiarité ne soit surprise. Ne pouvant juger du premier coup d'œil quelle est la situation sociale de ceux qu'on rencontre, l'on évite prudemment d'entrer en contact avec eux. On redoute, en rendant de légers services, de former malgré soi une amitié mal assortie; on craint les bons offices, et l'on se soustrait à la reconnaissance indiscrète d'un inconnu aussi soigneusement qu'à sa haine.

Il y a beaucoup de gens qui expliquent par des causes purement physiques cette insociabilité singulière et cette humeur réservée et taciturne des Anglais. Je veux bien que le sang y soit en effet pour quelque chose ; mais je crois que l'état social y est pour beaucoup plus. L'exemple des Américains vient le prouver.

En Amérique, où les priviléges de naissance n'ont jamais existé, et où la richesse ne donne aucun droit particulier à celui qui la possède, des inconnus se réunissent volontiers dans les mêmes lieux, et ne trouvent ni avantage ni péril à se communiquer librement leurs pensées. Se rencontrent-ils par hasard, ils ne se cherchent ni se s'évitent ; leur abord est donc naturel, franc et ouvert ; on voit qu'ils n'espèrent et ne redoutent presque rien les uns des autres, et qu'ils ne s'efforcent pas plus de montrer que de cacher la place qu'ils occupent. Si leur contenance est souvent froide et sérieuse, elle n'est jamais hautaine ni contrainte ; et quand ils ne s'adressent point la parole, c'est qu'ils ne sont pas en humeur de parler, et non qu'ils croient avoir intérêt à se taire.

En pays étranger, deux Américains sont sur-le-champ amis, par cela seul qu'ils sont Américains. Il n'y a point de préjugé qui les repousse, et la communauté de patrie les attire. A deux Anglais le même sang ne suffit point : il faut que le même rang les rapproche.

Les Américains remarquent aussi bien que nous cette humeur insociable des Anglais entre eux, et ils ne s'en étonnent pas moins que nous ne le faisons nous-mêmes. Cependant les Américains tiennent à l'Angleterre par l'origine, la religion, la langue et en partie les mœurs; ils n'en diffèrent que par l'état social. Il est donc permis de dire que la réserve des Anglais découle de la constitution du pays bien plus que de celle des citoyens.

CHAPITRE III.

Pourquoi les Américains ont si peu de susceptibilité dans leur pays, et se montrent si susceptibles dans le nôtre.

Les Américains ont un tempérament vindicatif comme tous les peuples sérieux et réfléchis. Ils n'oublient presque jamais une offense ; mais il n'est point facile de les offenser, et leur ressentiment est aussi lent à s'allumer qu'à s'éteindre.

Dans les sociétés aristocratiques, où un petit nombre d'individus dirigent toutes choses, les rapports extérieurs des hommes, entre eux, sont soumis à des conventions à peu près fixes. Chaun croit alors savoir d'une manière précise, par quel signe il convient de témoigner son respect, ou de marquer sa bienveillance, et l'étiquette est une science dont on ne suppose pas l'ignorance.

Ces usages de la première classe servent ensuite de modèle à toutes les autres, et de plus, chacune de celles-ci se fait un code à part, auquel tous ses membres sont tenus de se conformer.

Les règles de la politesse forment ainsi une législation compliquée, qu'il est difficile de posséder complètement, et dont pourtant il n'est pas permis de s'écarter sans péril; de telle sorte, que chaque jour les hommes sont sans cesse exposés à faire ou à recevoir involontairement de cruelles blessures.

Mais à mesure que les rangs s'effacent, que des hommes divers par leur éducation et leur naissance se mêlent et se confondent dans les mêmes lieux, il est presque impossible de s'entendre sur les règles du savoir-vivre. La loi étant incertaine, y désobéir n'est point un crime aux yeux mêmes de ceux qui la connaissent; on s'attache donc au fond des actions plutôt qu'à la forme, et l'on est tout à la fois moins civil et moins querelleur.

Il y a une foule de petits égards auxquels un Américain ne tient point; il juge qu'on ne les lui doit pas, ou il suppose qu'on ignore les lui devoir. Il ne s'aperçoit donc pas qu'on lui manque, ou bien il le pardonne; ses manières en deviennent moins courtoises, et ses mœurs plus simples et plus mâles.

Cette indulgence réciproque que font voir les Américains, et cette virile confiance qu'ils se témoignent, résulte encore d'une cause plus générale et plus profonde. Je l'ai déjà indiquée dans le chapitre précédent.

Aux États-Unis, les rangs ne diffèrent que fort peu dans la société civile, et ne diffèrent point du tout dans le monde politique; un Américain ne se croit donc pas tenu à rendre des soins particuliers à aucun de ses semblables, et il ne songe pas non plus à en exiger pour lui-même. Comme il ne voit point que son intérêt soit de rechercher avec ardeur la compagnie de quelques uns de ses concitoyens, il se figure difficilement qu'on repousse la sienne; ne méprisant personne à raison de la condition, il n'imagine point que personne le méprise pour la même cause, et jusqu'à ce qu'il ait aperçu clairement l'injure, il ne croit pas qu'on veuille l'outrager.

L'état social dispose naturellement les Américains à ne point s'offenser aisément dans les petites choses. Et d'une autre part, la liberté démocratique dont ils jouissent, achève de faire passer cette mansuétude dans les mœurs nationales.

Les institutions politiques des États-Unis mettent sans cesse en contact les citoyens de toutes les classes, et les forcent de suivre en commun de grandes entreprises. Des gens ainsi occupés n'ont guère le temps de songer aux détails de l'étiquette, et ils ont d'ailleurs trop d'intérêt à vivre d'accord, pour s'y arrêter. Ils s'accoutument donc aisément à considérer dans ceux avec lesquels ils se rencontrent, les sentiments et les idées, plutôt que les manières, et ils ne se laissent point émouvoir pour des bagatelles.

J'ai remarqué bien des fois qu'aux États-Unis, ce n'est point une chose aisée que de faire entendre à un homme que sa présence importune. Pour en arriver là, les voies détournées ne suffisent point toujours.

Je contredis un Américain à tout propos, afin de lui faire sentir que ses discours me fatiguent; et à chaque instant je lui vois faire de nouveaux efforts pour me convaincre; je garde un silence obstiné, et il s'imagine que je réfléchis profondément aux vérités qu'il me présente; et quand je me dérobe enfin tout à coup à sa poursuite, il suppose qu'une affaire pressante m'appelle ailleurs. Cet homme ne comprendra pas qu'il m'excède, sans que je le lui dise, et je ne pourrai me sauver de lui qu'en devenant son ennemi mortel.

Ce qui surprend au premier abord, c'est que ce même homme transporté en Europe y devient tout à coup d'un commerce méticuleux et difficile, à ce point que souvent je rencontre autant de difficulté à ne point l'offenser que j'en trouvais à lui déplaire. Ces deux effets si différents sont produits par la même cause.

Les institutions démocratiques donnent en général aux hommes une vaste idée de leur patrie et d'eux-mêmes. L'Américain sort de son pays le cœur gonflé d'orgueil. Il arrive en Europe, et s'aperçoit d'abord qu'on ne s'y préoccupe point autant qu'il se l'imaginait des États-Unis et du grand peuple qui les habite. Ceci commence à l'émouvoir.

Il a entendu dire que les conditions ne sont point égales dans notre hémisphère. Il s'aperçoit en effet que parmi les nations de l'Europe la trace des rangs n'est pas entièrement effacée; que la richesse et la naissance y conservent des priviléges incertains qu'il lui est aussi difficile de méconnaître que de définir. Ce spectacle le surprend et l'inquiète, parce qu'il est entièrement nouveau pour lui; rien de ce qu'il a vu dans son pays ne l'aide à le comprendre. Il ignore donc profondément quelle place il convient d'occuper dans cette hiérarchie à moitié détruite, parmi ces classes qui sont assez distinctes pour se haïr et se mépriser, et assez rapprochées pour qu'il soit toujours prêt à les confondre. Il craint de se poser trop haut, et surtout d'être rangé trop bas : ce double péril tient constamment son esprit à la gêne, et embarrasse sans cesse ses actions comme ses discours.

La tradition lui a appris qu'en Europe le cérémonial variait à l'infini suivant les conditions ; ce souvenir d'un autre temps achève de le troubler, et il redoute d'autant plus de ne pas obtenir les égards qui lui sont dus, qu'il ne sait pas précisément en quoi ils consistent. Il marche donc toujours ainsi qu'un homme environné d'embûches ; la société n'est pas pour lui un délassement, mais un sérieux travail. Il pèse vos moindres démarches, interroge vos regards, et analyse avec soin tous vos discours, de peur qu'ils ne renferment quelques allusions cachées qui le blessent. Je ne sais s'il s'est jamais rencontré de gentilhomme campagnard plus pointilleux que lui sur l'article du savoir-vivre ; il s'efforce d'obéir lui-même aux moindres lois de l'étiquette, et il ne souffre pas qu'on en néglige aucune envers lui ; il est tout à la fois plein de scrupule et d'exigence ; il désirerait faire assez, mais il craint de faire trop, et, comme il ne connaît pas bien les limites de l'un et de l'autre, il se tient dans une réserve embarrassée et hautaine.

Ce n'est pas tout encore, et voici bien un autre détour du cœur humain.

Un Américain parle tous les jours de l'admirable égalité qui règne aux États-Unis; il s'en enorgueillit tout haut pour son pays; mais il s'en afflige secrètement pour lui-même, et il aspire à montrer que, quant à lui, il fait exception à l'ordre général qu'il préconise.

On ne rencontre guère d'Américain qui ne veuille tenir quelque peu par sa naissance aux premiers fondateurs des colonies, et, quant aux rejetons de grandes familles d'Angleterre, l'Amérique m'en a semblé toute couverte.

Lorsqu'un Américain opulent aborde en Europe, son premier soin est de s'entourer de toutes les richesses du luxe; et il a si grand' peur qu'on ne le prenne pour le simple citoyen d'une démocratie, qu'il se replie de cent façons afin de présenter chaque jour devant vous une nouvelle image de sa richesse. Il se loge d'ordinaire dans le quartier le plus apparent de la ville; il a de nombreux serviteurs qui l'entourent sans cesse.

J'ai entendu un Américain se plaindre que, dans les principaux salons de Paris, on ne rencontrât qu'une société mêlée. Le goût qui y règne ne lui paraissait pas assez pur, et il laissait entendre adroitement, qu'à son avis, on y manquait de distinction dans les manières. Il ne s'habituait pas à voir l'esprit se cacher ainsi sous des formes vulgaires.

De pareils contrastes ne doivent pas surprendre.

Si la trace des anciennes distinctions aristocratiques n'était pas si complètement effacée aux États-Unis, les Américains se montreraient moins simples et moins tolérants dans leur pays, moins exigeants et moins empruntés dans le nôtre.

CHAPITRE IV.

Conséquences des trois chapitres précédents.

———•———

Lorsque les hommes ressentent une pitié naturelle pour les maux les uns des autres, que des rapports aisés et fréquents les rapprochent chaque jour sans qu'aucune susceptibilité les divise, il est facile de comprendre qu'au besoin ils se prêteront mutuellement leur aide. Lorsqu'un Américain réclame le concours de ses semblables, il est fort rare que ceux-ci le lui refusent, et j'ai observé souvent qu'ils le lui accordaient spontanément avec un grand zèle.

Survient-il quelque accident imprévu sur la voie publique, on accourt de toutes parts autour de celui qui en est victime; quelque grand malheur inopiné frappe-t-il une famille, les bourses de mille inconnus s'ouvrent sans peine; des dons modiques, mais fort nombreux, viennent au secours de sa misère.

Il arrive fréquemment, chez les nations les plus civilisées du globe, qu'un malheureux se trouve aussi isolé au milieu de la foule que le sauvage dans ses bois; cela ne se voit presque point aux Etats-Unis. Les Américains, qui sont toujours froids dans leurs manières, et souvent grossiers, ne se montrent presque jamais insensibles, et, s'ils ne se hâtent pas d'offrir des services, ils ne refusent point d'en rendre.

Tout ceci n'est point contraire à ce que j'ai dit ci-devant à propos de l'individualisme. Je vois même que ces choses s'accordent, loin de se combattre.

L'égalité des conditions, en même temps qu'elle fait sentir aux hommes leur indépendance, leur montre leur faiblesse; ils sont libres, mais exposés à mille accidents, et l'expérience ne tarde pas à leur apprendre que, bien qu'ils n'aient pas un habituel besoin du secours d'autrui, il arrive presque toujours quelque moment où ils ne sauraient s'en passer.

Nous voyons tous les jours en Europe que les hommes d'une même profession s'entr'aident volontiers ; ils sont tous exposés aux mêmes maux ; cela suffit pour qu'ils cherchent mutuellement à s'en garantir, quelque durs ou égoïstes qu'ils soient d'ailleurs. Lors donc que l'un d'eux est en péril, et que, par un petit sacrifice passager ou un élan soudain, les autres peuvent l'y soustraire, ils ne manquent pas de le tenter. Ce n'est point qu'ils s'intéressent profondément à son sort ; car, si, par hasard, les efforts qu'ils font pour le secourir sont inutiles, ils l'oublient aussitôt, et retournent à eux-mêmes ; mais il s'est fait entre eux une sorte d'accord tacite et presque involontaire, d'après lequel chacun doit aux autres un appui momentané qu'à son tour il pourra réclamer lui-même.

Étendez à un peuple ce que je dis d'une classe seulement, et vous comprendrez ma pensée.

Il existe en effet parmi tous les citoyens d'une démocratie, une convention analogue à celle dont je parle ; tous se sentent sujets à la même faiblesse et aux mêmes dangers, et leur intérêt, aussi bien que leur sympathie, leur fait une loi de se prêter au besoin une mutuelle assistance.

Plus les conditions deviennent semblables et plus les hommes laissent voir cette disposition réciproque à s'obliger.

Dans les démocraties où l'on n'accorde guère de grands bienfaits on rend sans cesse de bons offices. Il est rare qu'un homme s'y montre dévoué, mais tous sont serviables.

CHAPITRE V.

Comment la démocratie modifie les rapports du serviteur et du maitre.

Un Américain qui avait longtemps voyagé en Europe, me disait un jour :

« Les Anglais traitent leurs serviteurs avec une « hauteur et des manières absolues qui nous sur-« prennent; mais, d'une autre part, les Français « usent quelquefois avec les leurs d'une familia-« rité, ou se montrent à leur égard d'une politesse, « que nous ne saurions concevoir. On dirait qu'ils « craignent de commander. L'attitude du supé-« rieur et de l'inférieur est mal gardée. »

Cette remarque est juste, et je l'ai faite moi-même bien des fois.

J'ai toujours considéré l'Angleterre comme le pays du monde où, de notre temps, le lien de la domesticité est le plus serré, et la France la contrée de la terre où il est le plus lâche. Nulle part le maître ne m'a paru plus haut ni plus bas que dans ces deux pays.

C'est entre ces extrémités que les Américains se placent.

Voilà le fait superficiel et apparent. Il faut remonter fort avant, pour en découvrir les causes.

On n'a point encore vu de sociétés où les conditions fussent si égales, qu'il ne s'y rencontrât point de riches ni de pauvres; et par conséquent de maîtres et de serviteurs.

La démocratie n'empêche point que ces deux classes d'hommes n'existent; mais elle change leur esprit et modifie leurs rapports.

Chez les peuples aristocratiques, les serviteurs forment une classe particulière, qui ne varie pas plus que celle des maîtres. Un ordre fixe ne tarde pas à y naître; dans la première comme dans la seconde, on voit bientôt paraître une hiérarchie, des classifications nombreuses, des rangs marqués, et les générations s'y succèdent sans que les positions changent. Ce sont deux sociétés superposées l'une à l'autre, toujours distinctes, mais régies par des principes analogues.

Cette constitution aristocratique n'influe guère moins sur les idées et les mœurs des serviteurs que sur celles des maîtres, et, bien que les effets soient différents, il est facile de reconnaître la même cause.

Les uns et les autres forment de petites nations au milieu de la grande; et il finit par naître, au milieu d'eux, de certaines notions permanentes en matière de juste et d'injuste. On y envisage les différents actes de la vie humaine sous un jour particulier qui ne change pas. Dans la société des serviteurs comme dans celle des maîtres, les hommes exercent une grande influence les uns sur les autres. Ils reconnaissent des règles fixes, et à défaut de loi ils rencontrent une opinion publique qui les dirige; il y règne des habitudes réglées, une police.

Ces hommes dont la destinée est d'obéir, n'entendent point sans doute la gloire, la vertu, l'honnêteté, l'honneur, de la même manière que les maîtres. Mais ils se sont fait une gloire, des vertus et une honnêteté de serviteurs, et ils conçoivent, si je puis m'exprimer ainsi, une sorte d'honneur servile (1).

(1) Si l'on vient à examiner de près et dans le détail les opinions principales qui dirigent ces hommes, l'analogie paraît plus frappante encore,

Parce qu'une classe est basse, il ne faut pas croire que tous ceux qui en font partie aient le cœur bas. Ce serait une grande erreur. Quelque inférieure qu'elle soit, celui qui y est le premier, et qui n'a point l'idée d'en sortir, se trouve dans une position aristocratique qui lui suggère des sentiments élevés, un fier orgueil et un respect pour lui-même, qui le rendent propre aux grandes vertus, et aux actions peu communes.

Chez les peuples aristocratiques, il n'était point rare de trouver dans le service des grands, des âmes nobles et vigoureuses qui portaient la servitude sans la sentir, et qui se soumettaient aux volontés de leur maître sans avoir peur de sa colère.

Mais il n'en était presque jamais ainsi dans les rangs inférieurs de la classe domestique. On conçoit que celui qui occupe le dernier bout d'une hiérarchie de valets est bien bas.

Les Français avaient créé un mot tout exprès pour ce dernier des serviteurs de l'aristocratie. Ils l'appelaient le laquais.

Le mot de laquais servait de terme extrême, quand tous les autres manquaient, pour représenter

et l'on s'étonne de retrouver parmi eux, aussi bien que parmi les membres les plus altiers d'une hiérarchie féodale, l'orgueil de la naissance, le respect pour les aïeux et les descendants, le mépris de l'inférieur, la crainte du contact, le goût de l'étiquette, des traditions et de l'antiquité.

la bassesse humaine; sous l'ancienne monarchie, lorsqu'on voulait peindre en un moment un être vil et dégradé, on disait de lui qu'il avait l'*âme d'un laquais.* Cela seul suffisait. Le sens était complet et compris.

L'inégalité permanente des conditions ne donne pas seulement aux serviteurs de certaines vertus et de certains vices particuliers; elle les place vis-à-vis des maîtres dans une position particulière.

Chez les peuples aristocratiques, le pauvre est apprivoisé, dès l'enfance, avec l'idée d'être commandé. De quelque côté qu'il tourne ses regards, il voit aussitôt l'image de la hiérarchie et l'aspect de l'obéissance.

Dans les pays où règne l'inégalité permanente des conditions, le maître obtient donc aisément de ses serviteurs une obéissance prompte, complète, respectueuse et facile, parce que ceux-ci révèrent en lui, non seulement le maître, mais la classe des maîtres. Il pèse sur leur volonté, avec tout le poids de l'aristocratie.

Il commande leurs actes; il dirige encore jusqu'à un certain point leurs pensées. Le maître, dans les aristocraties, exerce souvent, à son insu même, un prodigieux empire sur les opinions, les habitudes, les mœurs de ceux qui lui obéissent, et son influence s'étend beaucoup plus loin encore que son autorité.

Dans les sociétés aristocratiques, non seulement il y a des familles héréditaires de valets, aussi bien que des familles héréditaires de maîtres; mais les mêmes familles de valets se fixent, pendant plusieurs générations, à côté des mêmes familles de maîtres; (ce sont comme des lignes parallèles qui ne se confondent point ni ne se séparent); ce qui modifie prodigieusement les rapports mutuels de ces deux ordres de personnes.

Ainsi, bien que, sous l'aristocratie, le maître et le serviteur n'aient entre eux aucune ressemblance naturelle; que la fortune, l'éducation, les opinions, les droits les placent, au contraire, à une immense distance sur l'échelle des êtres, le temps finit cependant par les lier ensemble. Une longue communauté de souvenirs les attache, et, quelque différents qu'ils soient, ils s'assimilent; tandis que, dans les démocraties, où naturellement ils sont presque semblables, ils restent toujours étrangers l'un à l'autre.

Chez les peuples aristocratiques, le maître en vient donc à envisager ses serviteurs comme une partie inférieure et secondaire de lui-même, et il s'intéresse souvent à leur sort, par un dernier effort de l'égoïsme.

De leur côté, les serviteurs ne sont pas éloignés de se considérer sous le même point de vue, et ils s'identifient quelquefois à la personne du maître, de telle sorte qu'ils en deviennent enfin l'accessoire, à leurs propres yeux comme aux siens.

Dans les aristocraties, le serviteur occupe une position subordonnée, dont il ne peut sortir; près de lui se trouve un autre homme, qui tient un rang supérieur qu'il ne peut perdre. D'un côté, l'obscurité, la pauvreté, l'obéissance, à perpétuité; de l'autre, la gloire, la richesse, le commandement, à perpétuité. Ces conditions sont toujours diverses et toujours proches, et le lien qui les unit est aussi durable qu'elles-mêmes.

Dans cette extrémité, le serviteur finit par se désintéresser de lui-même; il s'en détache; il se déserte en quelque sorte, ou plutôt il se transporte tout entier dans son maître; c'est là qu'il se crée une personnalité imaginaire. Il se pare avec complaisance des richesses de ceux qui lui commandent; il se glorifie de leur gloire, se rehausse de leur noblesse, et se repaît sans cesse d'une grandeur empruntée, à laquelle il met souvent plus de prix que ceux qui en ont la possession pleine et véritable.

Il y a quelque chose de touchant et de ridicule à la fois dans une si étrange confusion de deux existences.

Ces passions de maîtres transportées dans des âmes de valets, y prennent les dimensions naturelles du lieu qu'elles occupent; elles se rétrécissent et s'abaissent. Ce qui était orgueil chez le premier devient vanité puérile et prétention misérable chez les autres. Les serviteurs d'un grand se montrent d'ordinaire fort pointilleux sur les égards qu'on lui doit, et ils tiennent plus à ses moindres priviléges que lui-même.

On rencontre encore quelquefois parmi nous un de ces vieux serviteurs de l'aristocratie; il survit à sa race et disparaîtra bientôt avec elle.

Aux États-Unis je n'ai vu personne qui lui ressemblât. Non seulement les Américains ne connaissent point l'homme dont il s'agit; mais on a grand' peine à leur en faire comprendre l'existence. Ils ne trouvent guère moins de difficulté à le concevoir que nous n'en avons nous-mêmes à imaginer ce qu'était un esclave chez les Romains, ou un serf au moyen âge. Tous ces hommes sont en effet, quoique à des degrés différents, les produits d'une même cause. Ils reculent ensemble loin de nos regards et fuient chaque jour dans l'obscurité du passé avec l'état social qui les a fait naître.

L'égalité des conditions fait, du serviteur et du maître, des êtres nouveaux, et établit entre eux de nouveaux rapports.

Lorsque les conditions sont presque égales, les hommes changent sans cesse de place; il y a encore une classe de valets et une classe de maîtres;

mais ce ne sont pas toujours les mêmes individus, ni surtout les mêmes familles qui les composent; et il n'y a pas plus de perpétuité dans le commandement que dans l'obéissance.

Les serviteurs ne formant point un peuple à part, ils n'ont point d'usages, de préjugés ni de mœurs qui leur soient propres; on ne remarque pas parmi eux un certain tour d'esprit, ni une façon particulière de sentir. Ils ne connaissent ni vices ni vertus d'état, mais ils partagent les lumières, les idées, les sentiments, les vertus et les vices de leurs contemporains; et ils sont honnêtes ou fripons de la même manière que les maîtres.

Les conditions ne sont pas moins égales parmi les serviteurs que parmi les maîtres.

Comme on ne trouve point, dans la classe des serviteurs, de rangs marqués ni de hiérarchie permanente, il ne faut pas s'attendre à y rencontrer la bassesse et la grandeur qui se font voir dans les aristocraties de valets aussi bien que dans toutes les autres.

Je n'ai jamais vu aux États-Unis, rien qui pût me rappeler l'idée du serviteur d'élite, dont en Europe nous avons conservé le souvenir; mais je n'y ai point trouvé non plus l'idée du laquais. La trace de l'un comme de l'autre y est perdue.

Dans les démocraties les serviteurs ne sont pas seulement égaux entre eux, on peut dire qu'ils sont, en quelque sorte, les égaux de leurs maîtres.

Ceci a besoin d'être expliqué pour le bien comprendre.

A chaque instant le serviteur peut devenir maître, et aspire à le devenir; le serviteur n'est donc pas un autre homme que le maître.

Pourquoi donc le premier a-t-il le droit de commander, et qu'est-ce qui force le second à obéir? l'accord momentané et libre de leurs deux volontés. Naturellement ils ne sont point inférieurs l'un à l'autre, ils ne le deviennent momentanément que par l'effet du contrat. Dans les limites de ce contrat, l'un est le serviteur et l'autre le maître; en dehors ce sont deux citoyens, deux hommes.

Ce que je prie le lecteur de bien considérer, c'est que ceci n'est point seulement la notion que les serviteurs se forment à eux-mêmes de leur état. Les maîtres considèrent la domesticité sous le même jour, et les bornes précises du commandement et de l'obéissance sont aussi bien fixées dans l'esprit de l'un que dans celui de l'autre.

Lorsque la plupart des citoyens ont depuis longtemps atteint une condition à peu près semblable, et que l'égalité est un fait ancien et admis, le sens public, que les exceptions n'influencent jamais, assigne, d'une manière générale, à la valeur de l'homme, de certaines limites au-dessus ou au-dessous desquelles il est difficile qu'aucun homme reste longtemps placé.

En vain la richesse et la pauvreté, le commandement et l'obéissance mettent accidentellement de grandes distances entre deux hommes, l'opinion publique, qui se fonde sur l'ordre ordinaire des choses, les rapproche du commun niveau, et crée entre eux une sorte d'égalité imaginaire, en dépit de l'inégalité réelle de leurs conditions.

Cette opinion toute puissante finit par pénétrer dans l'âme même de ceux que leur intérêt pourrait armer contre elle; elle modifie leur jugement en même temps qu'elle subjugue leur volonté.

Au fond de leur âme le maître et le serviteur n'aperçoivent plus entre eux de dissemblance profonde, et ils n'espèrent ni ne redoutent d'en rencontrer jamais. Ils sont donc sans mépris et sans colère, et ils ne se trouvent ni humbles ni fiers en se regardant.

Le maître juge que dans le contrat est la seule origine de son pouvoir, et le serviteur y découvre la seule cause de son obéissance. Ils ne se disputent point entre eux sur la position réciproque qu'ils occupent; mais chacun voit aisément la sienne et s'y tient.

Dans nos armées le soldat est pris à peu près dans les mêmes classes que les officiers et peut parvenir aux mêmes emplois; hors des rangs il se considère comme parfaitement égal à ses chefs, et il l'est en effet: mais sous le drapeau il ne fait nulle difficulté d'obéir, et son obéissance, pour être volontaire et définie, n'est pas moins prompte, nette et facile.

Ceci donne une idée de ce qui se passe dans les sociétés démocratiques entre le serviteur et le maître.

Il serait insensé de croire qu'il pût jamais naître entre ces deux hommes aucune de ces affections ardentes et profondes qui s'allument quelquefois au sein de la domesticité aristocratique, ni qu'on dût y voir apparaître des exemples éclatants de dévouement.

Dans les aristocraties, le serviteur et le maître ne s'aperçoivent que de loin en loin, et souvent ils ne se parlent que par intermédiaire. Cependant ils tiennent d'ordinaire fermement l'un à l'autre.

Chez les peuples démocratiques, le serviteur et le maître sont fort proches; leurs corps se touchent sans cesse; leurs âmes ne se mêlent point; ils ont des occupations communes; ils n'ont presque jamais d'intérêts communs.

Chez ces peuples, le serviteur se considère toujours comme un passant dans la demeure de ses maîtres. Il n'a pas connu leurs aïeux; il ne verra pas leurs descendants; il n'a rien à en attendre de durable. Pourquoi confondrait-il son existence avec la leur, et d'où lui viendrait ce singulier abandon de lui-même ? La position réciproque est changée : les rapports doivent l'être.

Je voudrais pouvoir m'appuyer dans tout ce qui précède de l'exemple des Américains ; mais je ne saurais le faire sans distinguer avec soin les personnes et les lieux.

Au sud de l'Union l'esclavage existe. Tout ce que je viens de dire ne peut donc s'y appliquer.

Au nord la plupart des serviteurs sont des affranchis ou des fils d'affranchis. Ces hommes occupent dans l'estime publique une position contestée : la loi les rapproche du niveau de leur maître ; les mœurs les en repoussent obstinément. Eux-mêmes ne discernent pas clairement leur place, et ils se montrent presque toujours insolents ou rampants.

Mais, dans ces mêmes provinces du nord, particulièrement dans la Nouvelle-Angleterre, on rencontre un assez grand nombre de blancs qui consentent, moyennant salaire, à se soumettre passagèrement aux volontés de leurs semblables. J'ai entendu dire que ces serviteurs remplissent d'ordinaire les devoirs de leur état avec exactitude et intelligence, et que, sans se croire naturellement inférieurs à celui qui les commande, ils se soumettent sans peine à lui obéir.

Il m'a semblé voir que ceux-là transportaient

dans la servitude quelques unes des habitudes viriles que l'indépendance et l'égalité font naître. Ayant une fois choisi une condition dure, ils ne cherchent pas indirectement à s'y soustraire, et ils se respectent assez eux-mêmes pour ne pas refuser à leurs maîtres une obéissance qu'ils ont librement promise.

De leur côté, les maîtres n'exigent de leurs serviteurs que la fidèle et *rigoureuse* exécution du contrat; ils ne leur demandent pas des respects; ils ne réclament pas leur amour ni leur dévouement; il leur suffit de les trouver ponctuels et honnêtes.

Il ne serait donc pas vrai de dire que, sous la démocratie, les rapports du serviteur et du maître sont désordonnés; ils sont ordonnés d'une autre manière; la règle est différente, mais il y a une règle.

Je n'ai point ici à rechercher si cet état nouveau que je viens de décrire est inférieur à celui qui l'a précédé, ou si seulement il est autre. Il me suffit qu'il soit réglé et fixe; car ce qu'il importe le plus de rencontrer parmi les hommes, ce n'est pas un certain ordre, c'est l'ordre.

Mais que dirai-je de ces tristes et turbulentes époques durant lesquelles l'égalité se fonde au milieu du tumulte d'une révolution, alors que la démocratie, après s'être établie dans l'état social, lutte encore avec peine contre les préjugés et les mœurs ?

Déjà la loi et en partie l'opinion proclament qu'il n'existe pas d'infériorité naturelle et permanente entre le serviteur et le maître. Mais cette foi nouvelle n'a pas encore pénétré jusqu'au fond de l'esprit de celui-ci, ou plutôt son cœur la repousse. Dans le secret de son âme, le maître estime encore qu'il est d'une espèce particulière et supérieure; mais il n'ose le dire, et il se laisse attirer en frémissant vers le niveau. Son commandement en devient tout à la fois timide et dur; déjà il n'éprouve plus pour ses serviteurs les sentiments protecteurs et bienveillants qu'un long pouvoir incontesté fait toujours naître, et il s'étonne qu'étant lui-même changé, son serviteur change; il veut que, ne faisant pour ainsi dire que passer à travers la domesticité, celui-ci y contracte des habitudes régulières et permanentes; qu'il se montre satisfait et fier d'une position servile, dont tôt ou tard il doit sortir; qu'il se dévoue pour un homme qui ne peut ni le protéger ni le perdre, et qu'il s'attache enfin, par un lien éternel, à des êtres qui lui ressemblent et qui ne durent pas plus que lui.

Chez les peuples aristocratiques, il arrive souvent que l'état de domesticité n'abaisse point l'âme de ceux qui s'y soumettent, parce qu'ils n'en connaissent et qu'ils n'en imaginent pas d'autres, et que la prodigieuse inégalité qui se fait voir entre eux et le maître leur semble l'effet nécessaire et inévitable de quelque loi cachée de la Providence.

Sous la démocratie, l'état de domesticité n'a rien qui dégrade, parce qu'il est librement choisi, passagèrement adopté, que l'opinion publique ne le flétrit point, et qu'il ne crée aucune inégalité permanente entre le serviteur et le maître.

Mais, durant le passage d'une condition sociale à l'autre, il survient presque toujours un moment où l'esprit des hommes vacille entre la notion aristocratique de la sujétion et la notion démocratique de l'obéissance.

L'obéissance perd alors sa moralité aux yeux de celui qui obéit; il ne la considère plus comme une obligation en quelque sorte divine, et il ne la voit point encore sous son aspect purement humain; elle n'est à ses yeux ni sainte ni juste, et il s'y soumet comme à un fait dégradant et utile.

Dans ce moment l'image confuse et incomplète de l'égalité se présente à l'esprit des serviteurs; ils ne discernent point d'abord si c'est dans l'état même de domesticité ou en dehors que cette égalité à laquelle ils ont droit se retrouve, et ils se révoltent au fond de leur cœur contre une infériorité à laquelle ils se sont soumis eux-mêmes et dont ils profitent. Ils consentent à servir, et ils ont honte d'obéir; ils aiment les avantages de la servitude, mais point le maître, ou, pour mieux dire, ils ne sont pas sûrs que ce ne soit pas à eux à être les maîtres, et ils sont disposés à considérer celui qui les commande comme l'injuste usurpateur de leur droit.

C'est alors qu'on voit dans la demeure de chaque citoyen quelque chose d'analogue au triste spectacle que la société politique présente. Là se poursuit sans cesse une guerre sourde et intestine entre des pouvoirs toujours soupçonneux et rivaux : le maître se montre malveillant et doux, le serviteur malveillant et indocile; l'un veut se dérober sans cesse, par des restrictions déshonnêtes, à l'obligation de protéger et de rétribuer, l'autre à celle d'obéir. Entre eux flottent les rênes de l'administration domestique, que chacun s'efforce de saisir. Les lignes qui divisent l'autorité de la tyrannie, la liberté de la licence, le droit du fait, paraissent à leurs yeux enchevêtrées et confondues, et nul ne sait précisément ce qu'il est, ni ce qu'il peut, ni ce qu'il doit.

Un pareil état n'est pas démocratique, mais révolutionnaire.

CHAPITRE VI.

Comment les institutions et les mœurs démocratiques tendent à élever le prix et à raccourcir la durée des baux.

———•••———

Ce que j'ai dit des serviteurs et des maîtres s'applique, jusqu'à un certain point, aux propriétaires et aux fermiers. Le sujet mérite cependant d'être considéré à part.

En Amérique, il n'y a pour ainsi dire pas de fermiers; tout homme est possesseur du champ qu'il cultive.

Il faut reconnaître que les lois démocratiques tendent puissamment à accroître le nombre des propriétaires, et à diminuer celui des fermiers. Toutefois, ce qui se passe aux États-Unis doit être attribué, bien moins aux institutions du pays, qu'au pays lui-même. En Amérique, la terre coûte peu, et chacun devient aisément propriétaire. Elle donne peu, et ses produits ne sauraient qu'avec peine se diviser entre un propriétaire et un fermier.

L'Amérique est donc unique en ceci comme en beaucoup d'autres choses; et ce serait errer que de la prendre pour exemple.

Je pense que dans les pays démocratiques aussi bien que dans les aristocraties, il se rencontrera des propriétaires et des fermiers; mais les propriétaires et les fermiers n'y seront pas liés de la même manière.

Dans les aristocraties, les fermages ne s'acquittent pas seulement en argent, mais en respect, en affection et en services. Dans les pays démocratiques, ils ne se paient qu'en argent. Quand les patrimoines se divisent et changent de mains, et que la relation permanente qui existait entre les familles et la terre disparaît, ce n'est plus qu'un hasard qui met en contact le propriétaire et le fermier. Ils se joignent un moment pour débattre les conditions du contrat, et se perdent ensuite de vue. Ce sont deux étrangers que l'intérêt rapproche et qui discutent rigoureusement entre eux une affaire, dont le seul sujet est l'argent.

A mesure que les biens se partagent, et que la richesse se disperse çà et là sur toute la surface du pays, l'État se remplit de gens dont l'opulence ancienne est en déclin, et de nouveaux enrichis dont les besoins s'accroissent plus vite que les ressources. Pour tous ceux-là, le moindre profit est de conséquence, et nul d'entre eux ne se sent disposé à laisser échapper aucun de ses avantages, ni à perdre une portion quelconque de son revenu.

Les rangs se confondant, et les très-grandes ainsi que les très-petites fortunes devenant plus rares, il se trouve chaque jour moins de distance entre la condition sociale du propriétaire et celle du fermier; l'un n'a point naturellement de supériorité incontestée sur l'autre. Or, entre deux hommes égaux et malaisés, quelle peut être la matière du contrat de louage? sinon de l'argent!

Un homme qui a pour propriété tout un canton et possède cent métairies, comprend qu'il s'agit de gagner à la fois le cœur de plusieurs milliers d'hommes; ceci lui paraît mériter qu'on s'y applique. Pour atteindre un si grand objet, il fait aisément des sacrifices.

Celui qui possède cent arpents ne s'embarrasse point de pareils soins; et il ne lui importe guère de capter la bienveillance particulière de son fermier.

Une aristocratie ne meurt point comme un homme en un jour. Son principe se détruit lentement au fond des âmes, avant d'être attaqué dans les lois. Longtemps donc avant que la guerre n'éclate contre elle, on voit se desserrer peu à peu le lien qui jusqu'alors avait uni les hautes classes aux basses. L'indifférence et le mépris se trahissent d'un côté; de l'autre, la jalousie et la haine : les rapports entre le pauvre et le riche, deviennent plus rares et moins doux; le prix des baux s'élève. Ce n'est point encore le résultat de la révolution démocratique, mais c'en est la certaine annonce. Car une aristocratie qui a laissé échapper définitivement de ses mains le cœur du peuple, est comme un arbre mort dans ses racines, et que les vents renversent d'autant plus aisément qu'il est plus haut.

Depuis cinquante ans, le prix des fermages s'est prodigieusement accru, non seulement en France, mais dans la plus grande partie de l'Europe. Les progrès singuliers qu'ont faits l'agriculture et l'industrie, durant la même période, ne suffisent point, à mon sens, pour expliquer ce phénomène. Il faut recourir à quelque autre cause plus puissante et plus cachée. Je pense que cette cause doit être cherchée dans les institutions démocratiques que plusieurs peuples européens ont adoptées, et dans les passions démocratiques qui agitent plus ou moins tous les autres.

J'ai souvent entendu de grands propriétaires anglais se féliciter de ce que, de nos jours, ils tirent beaucoup plus d'argent de leurs domaines, que ne le faisaient leurs pères.

Ils ont peut-être raison de se réjouir; mais, à coup sûr, ils ne savent point de quoi ils se réjouissent. Ils croient faire un profit net, et ils ne font qu'un échange. C'est leur influence qu'ils cèdent à deniers comptants; et ce qu'ils gagnent en argent, ils vont bientôt le perdre en pouvoir.

Il y a encore un autre signe auquel on peut aisément reconnaître qu'une grande révolution démocratique s'accomplit ou se prépare.

Au moyen-âge, presque toutes les terres étaient louées à perpétuité, ou du moins à très-longs termes. Quand on étudie l'économie domestique de ce temps, on voit que les baux de quatre-vingt-dix-neuf ans y étaient plus fréquents que ceux de douze ne le sont de nos jours.

On croyait alors à l'immortalité des familles; les conditions semblaient fixées à toujours, et la société entière paraissait si immobile, qu'on n'imaginait point que rien dût jamais remuer dans son sein.

Dans les siècles d'égalité, l'esprit humain prend un autre tour. Il se figure aisément que rien ne demeure. L'idée de l'instabilité le possède.

En cette disposition, le propriétaire et le fermier lui-même, ressentent une sorte d'horreur instinctive pour les obligations à long terme; ils ont peur de se trouver bornés un jour par la convention dont aujourd'hui ils profitent. Ils s'attendent vaguement à quelque changement soudain et imprévu dans leur condition. Ils se redoutent eux-mêmes; ils craignent que leur goût venant à changer, ils ne s'affligent de ne pouvoir quitter ce qui faisait l'objet de leurs convoitises, et ils ont raison de le craindre; car, dans les siècles démocratiques, ce qu'il y a de plus mouvant, au milieu du mouvement de toutes choses, c'est le cœur de l'homme.

CHAPITRE VII.

Influence de la démocratie sur les salaires.

La plupart des remarques que j'ai faites ci-devant, en parlant des serviteurs et des maîtres, peuvent s'appliquer aux maîtres et aux ouvriers. A mesure que les règles de la hiérarchie sociale sont moins observées, tandis que les grands s'abaissent, que les petits s'élèvent et que la pauvreté aussi bien que la richesse cesse d'être héréditaire, on voit décroître chaque jour la distance de fait et d'opinion qui séparait l'ouvrier du maître.

L'ouvrier conçoit une idée plus élevée de ses droits, de son avenir, de lui-même; une nouvelle ambition, de nouveaux désirs le remplissent, de nouveaux besoins l'assiégent. A tout moment il jette des regards pleins de convoitise sur les profits de celui qui l'emploie; afin d'arriver à les partager, il s'efforce de mettre son travail à plus haut prix, et il finit d'ordinaire par y réussir.

Dans les pays démocratiques, comme ailleurs, la plupart des industries sont conduites à peu de frais par des hommes que la richesse et les lumières ne placent point au-dessus du commun niveau de ceux qu'ils emploient. Ces entrepreneurs d'industrie sont très-nombreux; leurs intérêts diffèrent; ils ne sauraient donc aisément s'entendre entre eux et combiner leurs efforts.

D'un autre côté, les ouvriers ont presque tous quelques ressources assurées qui leur permettent de refuser leurs services lorsqu'on ne veut point leur accorder ce qu'ils considèrent comme la juste rétribution du travail.

Dans la lutte continuelle que ces deux classes se livrent pour les salaires, les forces sont donc partagées, les succès alternatifs.

Il est même à croire qu'à la longue l'intérêt des ouvriers doit prévaloir; car les salaires élevés qu'ils ont déjà obtenus les rendent chaque jour moins dépendants de leurs maîtres, et, à mesure qu'ils sont plus indépendants, ils peuvent plus aisément obtenir l'élévation des salaires.

Je prendrai pour exemple l'industrie qui de notre temps est encore la plus suivie parmi nous, ainsi que chez presque toutes les nations du monde : la culture des terres.

En France, la plupart de ceux qui louent leurs services pour cultiver le sol en possèdent eux-mêmes quelques parcelles qui, à la rigueur, leur permettent de subsister sans travailler pour autrui. Lorsque ceux-là viennent offrir leurs bras au grand propriétaire ou au fermier voisin, et qu'on refuse de leur accorder un certain salaire, ils se retirent sur leur petit domaine, et attendent qu'une autre occasion se présente.

Je pense qu'en prenant les choses dans leur ensemble, on peut dire que l'élévation lente et progressive des salaires est une des lois générales qui régissent les sociétés démocratiques. A mesure que les conditions deviennent plus égales, les salaires s'élèvent, et à mesure que les salaires sont plus haut, les conditions deviennent plus égales.

Mais, de nos jours, une grande et malheureuse exception se rencontre.

J'ai montré, dans un chapitre précédent, comment l'aristocratie, chassée de la société politique, s'était retirée dans certaines parties du monde industriel, et y avait établi sous une autre forme son empire.

Ceci influe puissamment sur le taux des salaires.

Comme il faut être déjà très-riche pour entreprendre les grandes industries dont je parle, le nombre de ceux qui les entreprennent est fort petit. Étant peu nombreux, ils peuvent aisément se liguer entre eux, et fixer au travail le prix qu'il leur plaît.

Leurs ouvriers sont, au contraire, en très-grand nombre, et la quantité s'en accroît sans cesse; car il arrive de temps à autre des prospérités extraordinaires durant lesquelles les salaires s'élèvent outre mesure et attirent dans les manufactures les populations environnantes. Or, une fois que les hommes sont entrés dans cette carrière, nous avons vu qu'ils n'en sauraient sortir, parce qu'ils ne tardent pas à y contracter des habitudes de corps et d'esprit qui les rendent impropres à tout autre labeur. Ces hommes ont en général peu de lumières, d'industrie et de ressources; ils sont donc presque à la merci de leur maître. Lorsqu'une concurrence, ou d'autres circonstances fortuites, fait décroître les gains de celui-ci, il peut restreindre leurs salaires presque à son gré, et reprendre aisément sur eux ce que la fortune lui enlève.

Refusent-ils le travail d'un commun accord : le maître, qui est un homme riche, peut attendre aisément, sans se ruiner, que la nécessité les lui ramène; mais eux, il leur faut travailler tous les jours pour ne pas mourir; car ils n'ont guère d'autre propriété que leurs bras. L'oppression les a dès longtemps appauvris, et ils sont plus faciles à opprimer à mesure qu'ils deviennent plus pauvres. C'est un cercle vicieux dont ils ne sauraient aucunement sortir.

On ne doit donc point s'étonner si les salaires, après s'être élevés quelquefois tout à coup, baissent ici d'une manière permanente, tandis que dans les autres professions le prix du travail, qui ne croît en général que peu à peu, s'augmente sans cesse.

Cet état de dépendance et de misère dans lequel se trouve de notre temps une partie de la population industrielle, est un fait exceptionnel et contraire à tout ce qui l'environne; mais, pour cette raison même, il n'en est pas de plus grave, ni qui mérite mieux d'attirer l'attention particulière du législateur; car il est difficile, lorsque la société entière se remue, de tenir une classe immobile, et, quand le plus grand nombre s'ouvre sans cesse de nouveaux chemins vers la fortune, de faire que quelques uns supportent en paix leurs besoins et leurs désirs.

CHAPITRE VIII.

Influence de la démocratie sur la famille.

Je viens d'examiner comment, chez les peuples démocratiques, et en particulier chez les Américains, l'égalité des conditions modifie les rapports des citoyens entre eux.

Je veux pénétrer plus avant, et entrer dans le sein de la famille. Mon but n'est point ici de chercher des vérités nouvelles, mais de montrer comment des faits déjà connus se rattachent à mon sujet.

Tout le monde a remarqué que, de nos jours,

il s'était établi de nouveaux rapports entre les différents membres de la famille, que la distance qui séparait jadis le père de ses fils était diminuée, et que l'autorité paternelle était sinon détruite, au moins altérée.

Quelque chose d'analogue, mais de plus frappant encore, se fait voir aux États-Unis.

En Amérique, la famille, en prenant ce mot dans son sens romain et aristocratique, n'existe point. On n'en retrouve quelque vestige que durant les premières années qui suivent la naissance des enfants. Le père exerce alors, sans opposition, la dictature domestique, que la faiblesse de ses fils rend nécessaire, et que leur intérêt, ainsi que sa supériorité incontestable, justifie.

Mais, du moment où le jeune Américain s'approche de la virilité, les liens de l'obéissance filiale se détendent de jour en jour. Maître de ses pensées, il l'est bientôt après de sa conduite. En Amérique, il n'y a pas, à vrai dire, d'adolescence. Au sortir du premier âge, l'homme se montre et commence à tracer lui-même son chemin.

On aurait tort de croire que ceci arrive à la suite d'une lutte intestine, dans laquelle le fils aurait obtenu par une sorte de violence morale, la liberté que son père lui refusait. Les mêmes habitudes, les mêmes principes qui poussent l'un, à se saisir de l'indépendance, disposent l'autre à en considérer l'usage comme un droit incontestable.

On ne remarque donc dans le premier aucune de ces passions haineuses et désordonnées qui agitent les hommes, longtemps encore après qu'ils se sont soustraits à un pouvoir établi. Le second n'éprouve point ces regrets pleins d'amertume et de colère, qui survivent d'ordinaire à la puissance déchue : le père a aperçu de loin les bornes où devait venir expirer son autorité ; et quand le temps l'a approché de ces limites, il abdique sans peine. Le fils a prévu d'avance l'époque précise où sa propre volonté deviendrait sa règle ; et il s'empare de la liberté sans précipitation et sans efforts, comme d'un bien qui lui est dû, et qu'on ne cherche point à lui ravir (1).

Il n'est peut-être pas inutile de faire voir comment ces changements qui ont lieu dans la famille, sont étroitement liés à la révolution sociale et

(1) Les Américains n'ont point encore imaginé cependant, comme nous l'avons fait en France, d'enlever aux pères l'un des principaux éléments de la puissance, en leur ôtant la liberté de disposer après la mort de leurs biens. Aux États-Unis, la faculté de tester est illimitée.

En cela, comme dans presque tout le reste, il est facile de remarquer que, si la législation politique des Américains est beaucoup plus démocratique que la nôtre, notre législation civile est infiniment plus démocratique que la leur. Cela se conçoit sans peine.

Notre législation civile a eu pour auteur un homme qui voyait son intérêt à satisfaire les passions démocratiques de ses contemporains dans tout ce qui n'était pas directement et immédiatement hostile à son pouvoir. Il politique qui achève de s'accomplir sous nos yeux.

Il y a certains grands principes sociaux qu'un peuple fait pénétrer partout, ou ne laisse subsister nulle part.

Dans les pays aristocratiquement et hiérarchiquement organisés, le pouvoir ne s'adresse jamais directement à l'ensemble des gouvernés. Les hommes tenant les uns aux autres, on se borne à conduire les premiers. Le reste suit. Ceci s'applique à la famille, comme à toutes les associations qui ont un chef. Chez les peuples aristocratiques, la société ne connaît, à vrai dire, que le père. Elle ne tient les fils que par les mains du père; elle le gouverne et il les gouverne. Le père n'y a donc pas seulement un droit naturel. On lui donne un droit politique à commander. Il est l'auteur et le soutien de la famille; il en est aussi le magistrat.

Dans les démocraties, où le bras du gouvernement va chercher chaque homme en particulier

---

permettait volontiers que quelques principes populaires régissent les biens, et gouvernassent les familles, pourvu qu'on ne prétendît pas les introduire dans la direction de l'État. Tandis que le torrent démocratique déborderait sur les lois civiles, il espérait se tenir aisément à l'abri derrière les lois politiques. Cette vue était à la fois pleine d'habileté et d'égoïsme; mais un pareil compromis ne pouvait être durable. Car à la longue, la société politique ne saurait manquer de devenir l'expression et l'image de la société civile; et c'est dans ce sens qu'on peut dire qu'il n'y a rien de plus politique chez un peuple que la législation civile.

au milieu de la foule pour le plier isolément aux lois communes, il n'est pas besoin de semblable intermédiaire; le père n'est aux yeux de la loi qu'un citoyen, plus âgé et plus riche que ses fils.

Lorsque la plupart des conditions sont très-inégales, et que l'inégalité des conditions est permanente, l'idée du supérieur grandit dans l'imagination des hommes; la loi ne lui accordât-elle pas de prérogatives, la coutume et l'opinion lui en concèdent. Lorsqu'au contraire, les hommes diffèrent peu les uns des autres, et ne restent pas toujours dissemblables, la notion générale du supérieur devient plus faible et moins claire; en vain, la volonté du législateur s'efforce-t-elle de placer celui qui obéit fort au-dessous de celui qui commande, les mœurs rapprochent ces deux hommes l'un de l'autre, et les attirent chaque jour vers le même niveau.

Si donc, je ne vois point dans la législation d'un peuple aristocratique, de priviléges particuliers accordés au chef de la famille, je ne laisserai pas d'être assuré que son pouvoir y est fort respecté et plus étendu que dans le sein d'une démocratie; car je sais que, quelles que soient les lois, le supérieur paraîtra toujours plus haut et l'inférieur plus bas dans les aristocraties que chez les peuples démocratiques.

Quand les hommes vivent dans le souvenir de

ce qui a été, plutôt que dans la préoccupation de ce qui est, et qu'ils s'inquiètent bien plus de ce que leurs ancêtres ont pensé, qu'ils ne cherchent à penser eux-mêmes, le père est le lien naturel et nécessaire entre le passé et le présent, l'anneau où ces deux chaînes aboutissent et se rejoignent. Dans les aristocraties, le père n'est donc pas seulement le chef politique de la famille; il y est l'organe de la tradition, l'interprète de la coutume, l'arbitre des mœurs. On l'écoute avec déférence; on ne l'aborde qu'avec respect, et l'amour qu'on lui porte est toujours tempéré par la crainte.

L'état social devenant démocratique, et les hommes adoptant pour principe général qu'il est bon et légitime de juger de toutes choses par soi-même en prenant les anciennes croyances comme renseignement et non comme règle, la puissance d'opinion exercée par le père sur les fils devient moins grande, aussi bien que son pouvoir légal.

La division des patrimoines qu'amène la démocratie, contribue peut-être plus que tout le reste à changer les rapports du père et des enfants.

Quand le père de famille a peu de bien, son fils et lui vivent sans cesse dans le même lieu, et s'occupent en commun des mêmes travaux. L'habitude et le besoin les rapprochent et les forcent à communiquer à chaque instant l'un avec l'autre; il ne peut donc manquer de s'établir entre eux une sorte d'intimité familière qui rend l'autorité moins absolue, et qui s'accommode mal avec les formes extérieures du respect.

Or, chez les peuples démocratiques, la classe qui possède ces petites fortunes est précisément celle qui donne la puissance aux idées et le tour aux mœurs. Elle fait prédominer partout ses opinions en même temps que ses volontés, et ceux mêmes qui sont le plus enclins à résister à ses commandements, finissent par se laisser entraîner par ses exemples. J'ai vu de fougueux ennemis de la démocratie qui se faisaient tutoyer par leurs enfants.

Ainsi, dans le même temps que le pouvoir échappe à l'aristocratie, on voit disparaître ce qu'il y avait d'austère, de conventionnel et de légal dans la puissance paternelle, et une sorte d'égalité s'établit autour du foyer domestique.

Je ne sais si, à tout prendre, la société perd à ce changement; mais je suis porté à croire que l'individu y gagne. Je pense qu'à mesure que les mœurs et les lois sont plus démocratiques, les rapports du père et du fils deviennent plus intimes et plus doux; la règle et l'autorité s'y rencontrent moins; la confiance et l'affection y sont souvent plus grandes, et il semble que le lien naturel se resserre, tandis que le lien social se détend.

Dans la famille démocratique, le père n'exerce

guère d'autre pouvoir que celui qu'on se plaît à accorder à la tendresse et à l'expérience d'un vieillard. Ses ordres seraient peut-être méconnus ; mais ses conseils sont d'ordinaire pleins de puissance. S'il n'est point entouré de respects officiels, ses fils du moins l'abordent avec confiance. Il n'y a point de formule reconnue pour lui adresser la parole ; mais on lui parle sans cesse, et on le consulte volontiers chaque jour. Le maître et le magistrat ont disparu ; le père reste.

Il suffit, pour juger de la différence des deux états sociaux sur ce point, de parcourir les correspondances domestiques que les aristocraties nous ont laissées. Le style en est toujours correct, cérémonieux, rigide, et si froid, que la chaleur naturelle du cœur peut à peine s'y sentir à travers les mots.

Il règne, au contraire, dans toutes les paroles qu'un fils adresse à son père, chez les peuples démocratiques, quelque chose de libre, de familier et de tendre à la fois, qui fait découvrir au premier abord que des rapports nouveaux se sont établis au sein de la famille.

Une révolution analogue modifie les rapports mutuels des enfants.

Dans la famille aristocratique, aussi bien que dans la société aristocratique, toutes les places sont marquées. Non seulement le père y occupe un rang à part et y jouit d'immenses priviléges : les enfants eux-mêmes ne sont point égaux entre eux ; l'âge et le sexe fixent irrévocablement à chacun son rang et lui assurent certaines prérogatives. La démocratie renverse ou abaisse la plupart de ces barrières.

Dans la famille aristocratique, l'aîné des fils, héritant de la plus grande partie des biens et de presque tous les droits, devient le chef et jusqu'à un certain point le maître de ses frères. A lui la grandeur et le pouvoir ; à eux la médiocrité et la dépendance. Toutefois, on aurait tort de croire que, chez les peuples aristocratiques, les priviléges de l'aîné ne fussent avantageux qu'à lui seul, et qu'ils n'excitassent autour de lui que l'envie et la haine.

L'aîné s'efforce d'ordinaire de procurer la richesse et le pouvoir à ses frères, parce que l'éclat général de la maison rejaillit sur celui qui la représente ; et les cadets cherchent à faciliter à l'aîné toutes ses entreprises, parce que la grandeur et la force du chef de la famille le met de plus en plus en état d'en élever tous les rejetons.

Les divers membres de la famille aristocratique sont donc fort étroitement liés les uns aux autres ; leurs intérêts se tiennent, leurs esprits sont d'accord ; mais il est rare que leurs cœurs s'entendent.

La démocratie attache aussi les frères les uns

aux autres; mais elle s'y prend d'une autre manière.

Sous les lois démocratiques, les enfants sont parfaitement égaux, par conséquent indépendants; rien ne les rapproche forcément, mais aussi rien ne les écarte; et comme ils ont une origine commune, qu'ils s'élèvent sous le même toit, qu'ils sont l'objet des mêmes soins, et qu'aucune prérogative particulière ne les distingue ni ne les sépare, on voit aisément naître parmi eux la douce et juvénile intimité du premier âge. Le lien ainsi formé au commencement de la vie, il ne se présente guère d'occasions de le rompre; car la fraternité les rapproche chaque jour sans les gêner.

Ce n'est donc point par les intérêts, c'est par la communauté des souvenirs et la libre sympathie des opinions et des goûts, que la démocratie attache les frères les uns aux autres. Elle divise leur héritage, mais elle permet que leurs âmes se confondent.

La douceur de ces mœurs démocratiques est si grande, que les partisans de l'aristocratie eux-mêmes s'y laissent prendre, et que, après l'avoir goûtée quelque temps, ils ne sont point tentés de retourner aux formes respectueuses et froides de la famille aristocratique. Ils conserveraient volontiers les habitudes domestiques de la démocratie, pourvu qu'ils pussent rejeter son état social et ses lois. Mais ces choses se tiennent, et l'on ne saurait jouir des unes, sans souffrir les autres.

Ce que je viens de dire de l'amour filial et de la tendresse fraternelle, doit s'entendre de toutes les passions qui prennent spontanément leur source dans la nature elle-même.

Lorsqu'une certaine manière de penser ou de sentir est le produit d'un état particulier de l'humanité; cet état venant à changer, il ne reste rien. C'est ainsi que la loi peut attacher très-étroitement deux citoyens l'un à l'autre; la loi abolie, ils se séparent. Il n'y avait rien de plus serré que le nœud qui unissait le vassal au seigneur, dans le monde féodal. Maintenant, ces deux hommes ne se connaissent plus. La crainte, la reconnaissance et l'amour qui les liaient jadis ont disparu. On n'en trouve point la trace.

Mais il n'en est pas ainsi des sentiments naturels à l'espèce humaine. Il est rare que la loi, en s'efforçant de plier ceux-ci d'une certaine manière, ne les énerve; qu'en voulant y ajouter, elle ne leur ôte point quelque chose, et qu'ils ne soient pas toujours plus forts, livrés à eux-mêmes.

La démocratie qui détruit ou obscurcit presque toutes les anciennes conventions sociales, et qui empêche que les hommes ne s'arrêtent aisément à de nouvelles, fait disparaître entièrement la plupart des sentiments qui naissent de ces conventions. Mais elle ne fait que modifier les autres, et souvent elle leur donne une énergie et une douceur qu'ils n'avaient pas.

Je pense qu'il n'est pas impossible de renfermer dans une seule phrase tout le sens de ce chapitre et de plusieurs autres qui le précèdent. La démocratie détend les liens sociaux, mais elle resserre les liens naturels. Elle rapproche les parents dans le même temps qu'elle sépare les citoyens.

CHAPITRE IX.

Education des jeunes filles aux États-Unis.

———•◦•———

Il n'y a jamais eu de sociétés libres sans mœurs, et, ainsi que je l'ai dit dans la première partie de cet ouvrage, c'est la femme qui fait les mœurs. Tout ce qui influe sur la condition des femmes, sur leurs habitudes et leurs opinions, a donc un grand intérêt politique à mes yeux.

Chez presque toutes les nations protestantes, les jeunes filles sont infiniment plus maîtresses de leurs actions que chez les peuples catholiques.

Cette indépendance est encore plus grande dans les pays protestants qui, ainsi que l'Angleterre, ont conservé ou acquis le droit de se gouverner eux-mêmes. La liberté pénètre alors dans la famille par les habitudes politiques et par les croyances religieuses.

Aux États-Unis, les doctrines du protestantisme viennent se combiner avec une constitution très-libre et un état social très-démocratique; et nulle part la jeune fille n'est plus promptement ni plus complètement livrée à elle-même.

Longtemps avant que la jeune Américaine ait atteint l'âge nubile, on commence à l'affranchir peu à peu de la tutelle maternelle; elle n'est point encore entièrement sortie de l'enfance que déjà elle pense par elle-même, parle librement, et agit seule; devant elle est exposé sans cesse le grand tableau du monde; loin de chercher à lui en dérober la vue, on le découvre chaque jour de plus en plus à ses regards, et on lui apprend à le considérer d'un œil ferme et tranquille. Ainsi, les vices et les périls que la société présente ne tardent pas à lui être révélés; elle les voit clairement, les juge sans illusion et les affronte sans crainte; car elle est pleine de confiance dans ses forces, et sa confiance semble partagée par tous ceux qui l'environnent.

Il ne faut donc presque jamais s'attendre à rencontrer chez la jeune fille d'Amérique cette candeur virginale au milieu des naissants désirs, non plus que ces grâces naïves et ingénues qui accompagnent d'ordinaire chez l'Européenne le passage de l'enfance à la jeunesse. Il est rare que l'Américaine, quel que soit son âge, montre une timidité et une ignorance puériles. Comme la jeune fille d'Europe, elle veut plaire ; mais elle sait précisément à quel prix. Si elle ne se livre pas au mal, du moins elle le connaît ; elle a des mœurs pures plutôt qu'un esprit chaste.

J'ai souvent été surpris et presque effrayé en voyant la dextérité singulière et l'heureuse audace avec lesquelles ces jeunes filles d'Amérique savaient conduire leurs pensées et leurs paroles au milieu des écueils d'une conversation enjouée ; un philosophe aurait bronché cent fois sur l'étroit chemin qu'elles parcouraient sans accidents et sans peine.

Il est facile, en effet, de reconnaître que, au milieu même de l'indépendance de sa première jeunesse, l'Américaine ne cesse jamais entièrement d'être maîtresse d'elle-même ; elle jouit de tous les plaisirs permis sans s'abandonner à aucun d'eux, et sa raison ne lâche point les rênes, quoiqu'elle semble souvent les laisser flotter.

En France, où nous mêlons encore d'une si étrange manière, dans nos opinions et dans nos goûts, des débris de tous les âges, il nous arrive souvent de donner aux femmes une éducation timide, retirée et presque claustrale, comme au temps de l'aristocratie, et nous les abandonnons ensuite tout à coup, sans guide et sans secours, au milieu des désordres inséparables d'une société démocratique.

Les Américains sont mieux d'accord avec eux-mêmes.

Ils ont vu que, au sein d'une démocratie, l'indépendance individuelle ne pouvait manquer d'être très-grande, la jeunesse hâtive, les goûts mal contenus, la coutume changeante, l'opinion publique souvent incertaine ou impuissante, l'autorité paternelle faible et le pouvoir marital contesté.

Dans cet état de choses, ils ont jugé qu'il y avait peu de chances de pouvoir comprimer chez la femme les passions les plus tyranniques du cœur humain, et qu'il était plus sûr de lui enseigner l'art de les combattre elle-même. Comme ils ne pouvaient empêcher que sa vertu ne fût souvent en péril, ils ont voulu qu'elle sût la défendre, et ils ont plus compté sur le libre effort de sa volonté que sur des barrières ébranlées ou détruites. Au lieu de la tenir dans la défiance d'elle-même, ils cherchent donc sans cesse à accroître sa confiance en ses propres forces. N'ayant ni la possibilité ni le désir de maintenir la jeune fille dans une perpétuelle et complète ignorance, ils se sont hâtés de lui donner une connaissance précoce de toutes choses. Loin de lui cacher les corruptions du monde, ils ont voulu qu'elle les vît dès l'abord et qu'elle s'exerçât d'elle-même à les fuir, et ils ont mieux aimé garantir son honnêteté que de trop respecter son innocence.

Quoique les Américains soient un peuple fort religieux, ils ne s'en sont pas rapportés à la religion seule pour défendre la vertu de la femme; ils ont cherché à armer sa raison. En ceci, comme en beaucoup d'autres circonstances, ils ont suivi la même méthode. Ils ont d'abord fait d'incroyables efforts pour obtenir que l'indépendance individuelle se réglât d'elle-même, et ce n'est qu'arrivés aux dernières limites de la force humaine qu'ils ont enfin appelé la religion à leur secours.

Je sais qu'une pareille éducation n'est pas sans danger; je n'ignore pas non plus qu'elle tend à développer le jugement aux dépens de l'imagination, et à faire des femmes honnêtes et froides plutôt que des épouses tendres et d'aimables compagnes de l'homme. Si la société en est plus tranquille et mieux réglée, la vie privée en a souvent moins de charmes. Mais ce sont là des maux secondaires, qu'un intérêt plus grand doit faire braver. Parvenus au point où nous sommes, il ne nous est plus permis de faire un choix, il faut une éducation démocratique pour garantir la femme des périls dont les institutions et les mœurs de la démocratie l'environnent.

CHAPITRE X.

Comment la jeune fille se retrouve sous les traits de l'épouse.

―――⸱―――

En Amérique, l'indépendance de la femme vient se perdre sans retour au milieu des liens du mariage. Si la jeune fille y est moins contrainte que partout ailleurs, l'épouse s'y soumet à des obligations plus étroites. L'une fait de la maison paternelle un lieu de liberté et de plaisir, l'autre vit dans la demeure de son mari comme dans un cloître.

Ces deux états si différents ne sont peut-être pas si contraires qu'on le suppose, et il est naturel que les Américains passent par l'un pour arriver à l'autre.

Les peuples religieux et les nations industrielles se font une idée particulièrement grave du mariage. Les uns considèrent la régularité de la vie d'une femme, comme la meilleure garantie et le signe le plus certain de la pureté de ses mœurs. Les autres y voient le gage assuré de l'ordre et de la prospérité de la maison.

Les Américains forment tout à la fois une nation puritaine, et un peuple commerçant; leurs croyances religieuses aussi bien que leurs habitudes industrielles les portent donc à exiger de la femme une abnégation d'elle-même, et un sacrifice continuel de ses plaisirs à ses affaires, qu'il est rare de lui demander en Europe. Ainsi, il règne aux États-Unis une opinion publique inexorable, qui renferme avec soin la femme dans le petit cercle des intérêts et des devoirs domestiques, et qui lui défend d'en sortir.

A son entrée dans le monde, la jeune Américaine trouve ces notions fermement établies; elle voit les règles qui en découlent; elle ne tarde pas à se convaincre qu'elle ne saurait se soustraire un moment aux usages de ses contemporains, sans mettre aussitôt en péril sa tranquillité, son honneur, et jusqu'à son existence sociale, et elle trouve dans la fermeté de sa raison et dans les habitudes viriles que son éducation lui a données, l'énergie de s'y soumettre.

On peut dire que c'est dans l'usage de l'indépendance qu'elle a puisé le courage d'en subir sans lutte et sans murmure le sacrifice quand le moment est venu de se l'imposer.

L'Américaine d'ailleurs ne tombe jamais dans les liens du mariage comme dans un piége tendu à sa simplicité et à son ignorance. On lui a appris d'avance ce qu'on attendait d'elle, et c'est d'elle-même et librement qu'elle se place sous le joug. Elle supporte courageusement sa condition nouvelle, parce qu'elle l'a choisie.

Comme en Amérique la discipline paternelle est fort lâche, et que le lien conjugal est fort étroit, ce n'est qu'avec circonspection et avec crainte qu'une jeune fille le contracte. On n'y voit guère d'unions précoces. Les Américaines ne se marient donc que quand leur raison est exercée et mûrie; tandis qu'ailleurs la plupart des femmes ne commencent d'ordinaire à exercer et mûrir leur raison, que dans le mariage.

Je suis, du reste, très-loin de croire que ce grand changement qui s'opère dans toutes les habitudes des femmes aux États-Unis, aussitôt qu'elles sont mariées, ne doive être attribué qu'à la contrainte de l'opinion publique. Souvent elles se l'imposent elles-mêmes par le seul effort de leur volonté.

Lorsque le temps est arrivé de choisir un

époux, cette froide et austère raison que la libre vue du monde a éclairée et affermie, indique à l'Américaine qu'un esprit léger et indépendant dans les liens du mariage, est un sujet de trouble éternel, non de plaisir; que les amusements de la jeune fille ne sauraient devenir les délassements de l'épouse, et que pour la femme les sources du bonheur sont dans la demeure conjugale. Voyant d'avance et avec clarté le seul chemin qui peut conduire à la félicité domestique, elle y entre dès ses premiers pas, et le suit jusqu'au bout sans chercher à retourner en arrière.

Cette même vigueur de volonté que font voir les jeunes épouses d'Amérique, en se pliant tout à coup et sans se plaindre aux austères devoirs de leur nouvel état, se retrouve du reste dans toutes les grandes épreuves de leur vie.

Il n'y a pas de pays au monde où les fortunes particulières soient plus instables qu'aux États-Unis. Il n'est pas rare que dans le cours de son existence, le même homme monte et redescende tous les degrés qui conduisent de l'opulence à la pauvreté.

Les femmes d'Amérique supportent ces révolutions avec une tranquille et indomptable énergie. On dirait que leurs désirs se resserrent avec leur fortune, aussi aisément qu'ils s'étendent.

La plupart des aventuriers qui vont peupler

chaque année les solitudes de l'ouest, appartiennent, ainsi que je l'ai dit dans mon premier ouvrage, à l'ancienne race anglo-américaine du nord. Plusieurs de ces hommes qui courent avec tant d'audace vers la richesse jouissaient déjà de l'aisance dans leur pays. Ils mènent avec eux leurs compagnes, et font partager à celles-ci les périls et les misères sans nombre, qui signalent toujours le commencement de pareilles entreprises. J'ai souvent rencontré jusque sur les limites du désert de jeunes femmes qui après avoir été élevées au milieu de toutes les délicatesses des grandes villes de la Nouvelle-Angleterre, étaient passées presque sans transition de la riche demeure de leurs parents dans une hutte mal fermée au sein d'un bois. La fièvre, la solitude, l'ennui, n'avaient point brisé les ressorts de leur courage. Leurs traits semblaient altérées et flétris, mais leurs regards étaient fermes. Elles paraissaient tout à la fois tristes et résolues.

Je ne doute point que ces jeunes Américaines n'eussent amassé, dans leur éducation première, cette force intérieure dont elles faisaient alors usage.

C'est donc encore la jeune fille qui, aux États-Unis, se retrouve sous les traits de l'épouse ; le rôle a changé, les habitudes diffèrent, l'esprit est le même.

CHAPITRE XI.

Comment l'égalité des conditions contribue à maintenir
les bonnes mœurs en Amérique.

——•——

Il y a des philosophes et des historiens qui ont dit, ou ont laissé entendre, que les femmes étaient plus ou moins sévères dans leurs mœurs suivant qu'elles habitaient plus ou moins loin de l'équateur. C'est se tirer d'affaire à bon marché, et, à ce compte, il suffirait d'une sphère et d'un compas pour résoudre en un instant l'un des plus difficiles problèmes que l'humanité présente.

Je ne vois point que cette doctrine matérialiste soit établie par les faits.

Les mêmes nations se sont montrées, à différentes époques de leur histoire, chastes ou dissolues. La régularité ou le désordre de leurs mœurs tenait donc à quelques causes changeantes, et non pas seulement à la nature du pays qui ne changeait point.

Je ne nierai pas que, dans certains climats, les passions qui naissent de l'attrait réciproque des sexes ne soient particulièrement ardentes; mais je pense que cette ardeur naturelle peut toujours être excitée ou contenue par l'état social et les institutions politiques.

Quoique les voyageurs qui ont visité l'Amérique du nord diffèrent entre eux sur plusieurs points, ils s'accordent tous à remarquer que les mœurs y sont infiniment plus sévères que partout ailleurs.

Il est évident que, sur ce point, les Américains sont très supérieurs à leurs pères les Anglais. Une vue superficielle des deux nations suffit pour le montrer.

En Angleterre, comme dans toutes les autres contrées de l'Europe, la malignité publique s'exerce sans cesse sur les faiblesses des femmes. On entend souvent les philosophes et les hommes d'état s'y plaindre de ce que les mœurs ne sont pas assez régulières, et la littérature le fait supposer tous les jours.

En Amérique tous les livres, sans en excepter les romans, supposent les femmes chastes, et personne n'y raconte d'aventures galantes.

Cette grande régularité des mœurs américaines tient sans doute en partie au pays, à la race, à la religion. Mais toutes ces causes, qui se rencontrent ailleurs, ne suffisent pas encore pour l'expliquer. Il faut pour cela recourir à quelque raison particulière.

Cette raison me paraît être l'égalité et les institutions qui en découlent.

L'égalité des conditions ne produit pas à elle seule la régularité des mœurs; mais on ne saurait douter qu'elle ne la facilite et ne l'augmente.

Chez les peuples aristocratiques la naissance et la fortune font souvent de l'homme et de la femme des êtres si différents qu'ils ne sauraient jamais parvenir à s'unir l'un à l'autre. Les passions les rapprochent, mais l'état social et les idées qu'il suggère les empêchent de se lier d'une manière permanente et ostensible. De là naissent nécessairement un grand nombre d'unions passagères et clandestines. La nature s'y dédommage en secret de la contrainte que les lois lui imposent.

Ceci ne se voit pas de même quand l'égalité des

conditions a fait tomber toutes les barrières imaginaires, ou réelles, qui séparaient l'homme de la femme. Il n'y a point alors de jeune fille qui ne croie pouvoir devenir l'épouse de l'homme qui la préfère; ce qui rend le désordre des mœurs avant le mariage fort difficile. Car, quelle que soit la crédulité des passions, il n'y a guère moyen qu'une femme se persuade qu'on l'aime lorsqu'on est parfaitement libre de l'épouser, et qu'on ne le fait point.

La même cause agit, quoique d'une manière plus indirecte, dans le mariage.

Rien ne sert mieux à légitimer l'amour illégitime aux yeux de ceux qui l'éprouvent, ou de la foule qui le contemple, que des unions forcées ou faites au hasard (1).

---

(1) Il est aisé de se convaincre de cette vérité en étudiant les différentes littératures de l'Europe.

Lorsqu'un Européen veut retracer dans ses fictions quelques-unes des grandes catastrophes qui se font voir si souvent parmi nous, au sein du mariage, il a soin d'exciter d'avance la pitié du lecteur en lui montrant des êtres mals assortis ou contraints. Quoique une longue tolérance ait depuis longtemps relâché nos mœurs, il parviendrait difficilement à nous intéresser aux malheurs de ces personnages s'il ne commençait par faire excuser leur faute. Cet artifice ne manque guère de réussir. Le spectacle journalier dont nous sommes témoins nous prépare de loin à l'indulgence.

Les écrivains américains ne sauraient rendre aux yeux de leurs lecteurs de pareilles excuses vraisemblables; leurs usages, leurs lois, s'y refusent

Dans un pays où la femme exerce toujours librement son choix, et où l'éducation l'a mise en état de bien choisir, l'opinion publique est inexorable pour ses fautes.

Le rigorisme des Américains naît, en partie, de là. Ils considèrent le mariage comme un contrat souvent onéreux, mais dont cependant on est tenu à la rigueur d'exécuter toutes les clauses, parce qu'on a pu les connaître toutes à 'avance, et qu'on a joui de la liberté entière de ne s'obliger à rien.

Ce qui rend la fidélité plus obligatoire la rend plus facile.

Dans les pays aristocratiques le mariage a plutôt pour but d'unir des biens que des personnes ; aussi arrive-t-il quelquefois que le mari y est pris à l'école et la femme en nourrice. Il n'est pas étonnant que le lien conjugal qui retient unies les fortunes de ces deux époux laisse leurs cœurs errer à l'aventure. Cela découle naturellement de l'esprit du contrat.

Quand, au contraire, chacun choisit toujours lui-même sa compagne, sans que rien d'extérieur ne le gêne, ni même ne le dirige, ce n'est d'ordi-

---

et, désespérant de rendre le désordre aimable, ils ne le peignent point. C'est, en partie, à cette cause qu'il faut attribuer le petit nombre de romans qui se publient aux États-Unis.

naire que la similitude des goûts et des idées qui rapproche l'homme et la femme ; et cette même similitude les retient et les fixe l'un à côté de l'autre.

Nos pères avaient conçu une opinion singulière en fait de mariage.

Comme ils s'étaient aperçu que le petit nombre de mariages d'inclination, qui se faisaient de leur temps, avaient presque toujours eu une issue funeste, ils en avaient conclu résolument qu'en pareille matière il était très-dangereux de consulter son propre cœur. Le hasard leur paraissait plus clairvoyant que le choix.

Il n'était pas bien difficile de voir cependant que les exemples qu'ils avaient sous les yeux ne prouvaient rien.

Je remarquerai d'abord que si les peuples démocratiques accordent aux femmes le droit de choisir librement leur mari, ils ont soin de fournir d'avance à leur esprit les lumières, et à leur volonté la force qui peuvent être nécessaires pour un pareil choix ; tandis que les jeunes filles qui, chez les peuples aristocratiques, échappent furtivement à l'autorité paternelle pour se jeter d'elles-mêmes dans les bras d'un homme qu'on ne leur a donné ni le temps de connaître, ni la capacité de juger, manquent de toutes ces garanties. On ne saurait être surpris qu'elles fassent un mauvais usage de leur libre arbitre, la première fois qu'elles en usent ; ni qu'elles tombent dans de si cruelles erreurs, lorsque sans avoir reçu l'éducation démocratique, elles veulent suivre, en se mariant, les coutumes de la démocratie.

Mais il y a plus.

Lorsqu'un homme et une femme veulent se rapprocher à travers les inégalités de l'état social aristocratique, ils ont d'immenses obstacles à vaincre. Après avoir rompu ou desserré les liens de l'obéissance filiale, il leur faut échapper, par un dernier effort, à l'empire de la coutume et à la tyrannie de l'opinion ; et lorsque enfin ils sont arrivés au bout de cette rude entreprise, ils se trouvent comme des étrangers au milieu de leurs amis naturels et de leurs proches : le préjugé qu'ils ont franchi les en sépare. Cette situation ne tarde pas à abattre leur courage et à aigrir leurs cœurs.

Si donc il arrive que des époux unis de cette manière sont d'abord malheureux, et puis coupables, il ne faut pas l'attribuer à ce qu'ils se sont librement choisis, mais plutôt à ce qu'ils vivent dans une société qui n'admet point de pareils choix.

On ne doit pas oublier, d'ailleurs, que le même effort qui fait sortir violemment un homme d'une erreur commune l'entraîne presque toujours hors de la raison ; que, pour oser déclarer une guerre, même légitime, aux idées de son siècle et de son pays, il faut avoir dans l'esprit une certaine disposition violente et aventureuse, et que des gens de ce caractère, quelque direction qu'ils prennent, parviennent rarement au bonheur et à la vertu. Et c'est, pour le dire en passant, ce qui explique pourquoi, dans les révolutions les plus nécessaires et les plus saintes, il se rencontre si peu de révolutionnaires modérés et honnêtes.

Que, dans un siècle d'aristocratie, un homme s'avise par hasard de ne consulter dans l'union conjugale d'autres convenances que son opinion particulière et son goût, et que le désordre des mœurs et la misère ne tardent pas ensuite à s'introduire dans son ménage, il ne faut donc pas s'en étonner. Mais lorsque cette même manière d'agir est dans l'ordre naturel et ordinaire des choses; que l'état social la facilite; que la puissance paternelle s'y prête, et que l'opinion publique la préconise, on ne doit pas douter que la paix intérieure des familles n'en devienne plus grande, et que la foi conjugale n'en soit mieux gardée.

Presque tous les hommes des démocraties parcourent une carrière politique ou exercent une profession, et, d'une autre part, la médiocrité des fortunes y oblige la femme à se renfermer chaque jour dans l'intérieur de sa demeure, afin de présider elle-même, et de très-près, aux détails de l'administration domestique.

Tous ces travaux distincts et forcés sont comme autant de barrières naturelles qui, séparant les sexes, rendent les sollicitations de l'un plus rares et moins vives, et la résistance de l'autre plus aisée.

Ce n'est pas que l'égalité des conditions puisse jamais parvenir à rendre l'homme chaste; mais elle donne au désordre de ses mœurs un caractère moins dangereux. Comme personne n'a plus alors le loisir ni l'occasion d'attaquer les vertus qui veulent se défendre, on voit tout à la fois un grand nombre de courtisanes et une multitude de femmes honnêtes.

Un pareil état de choses produit de déplorables misères individuelles, mais il n'empêche point que le corps social ne soit dispos et fort; il ne détruit pas les liens de famille et n'énerve pas les mœurs nationales. Ce qui met en danger la société, ce n'est pas la grande corruption chez quelques uns; c'est le relâchement de tous. Aux yeux du législateur la prostitution est bien moins à redouter que la galanterie.

Cette vie tumultueuse et sans cesse tracassée, que l'égalité donne aux hommes, ne les détourne pas seulement de l'amour en leur ôtant le loisir de s'y livrer; elle les en écarte encore par un chemin plus secret, mais plus sûr.

Tous les hommes qui vivent dans les temps démocratiques contractent plus ou moins les habitudes intellectuelles des classes industrielles et commerçantes ; leur esprit prend un tour sérieux, calculateur et positif; il se détourne volontiers de l'idéal pour se diriger vers quelque but visible et prochain qui se présente comme le naturel et nécessaire objet des désirs. L'égalité ne détruit pas ainsi l'imagination ; mais elle la limite et ne lui permet de voler qu'en rasant la terre.

Il n'y a rien de moins rêveur que les citoyens d'une démocratie, et l'on n'en voit guère qui veuillent s'abandonner à ces contemplations oisives et solitaires qui précèdent d'ordinaire et qui produisent les grandes agitations du cœur.

Ils mettent, il est vrai, beaucoup de prix à se procurer cette sorte d'affection profonde, régulière et paisible, qui fait le charme et la sécurité de la vie; mais ils ne courent pas volontiers après des émotions violentes et capricieuses qui la troublent et l'abrégent.

Je sais que tout ce qui précède n'est complètement applicable qu'à l'Amérique, et ne peut, quant à présent, s'étendre d'une manière générale à l'Europe.

Depuis un demi-siècle que les lois et les habitudes poussent avec une énergie sans pareille plusieurs peuples européens vers la démocratie, on ne voit point que chez ces nations les rapports de l'homme et de la femme soient devenus plus réguliers et plus chastes. Le contraire se laisse même apercevoir en quelques endroits. Certaines classes sont mieux réglées; la moralité générale paraît plus lâche. Je ne craindrai pas de le remarquer, car je ne me sens pas mieux disposé à flatter mes contemporains qu'à en médire.

Ce spectacle doit affliger, mais non surprendre. L'heureuse influence qu'un état social démocratique peut exercer sur la régularité des habitudes est un de ces faits qui ne sauraient se découvrir qu'à la longue. Si l'égalité des conditions est favorable aux bonnes mœurs, le travail social, qui rend les conditions égales, leur est très-funeste.

Depuis cinquante ans que la France se transforme, nous avons eu rarement de la liberté, mais toujours du désordre. Au milieu de cette confusion universelle des idées et de cet ébranlement général des opinions, parmi ce mélange incohérent du juste et de l'injuste, du vrai et du faux, du droit et du fait, la vertu publique est devenue incertaine, et la moralité privée chancelante.

Mais toutes les révolutions, quels que fussent leur objet et leurs agents, ont d'abord produit des effets semblables. Celles même qui ont fini par resserrer le lien des mœurs ont commencé par le détendre.

Les désordres dont nous sommes souvent témoins ne me semblent donc pas un fait durable. Déjà de curieux indices l'annoncent.

Il n'y a rien de plus misérablement corrompu qu'une aristocratie qui conserve ses richesses en perdant son pouvoir, et qui, réduite à des jouissances vulgaires, possède encore d'immenses loisirs. Les passions énergiques et les grandes pensées qui l'avaient animée jadis, en disparaissent alors, et l'on n'y rencontre plus guère qu'une multitude de petits vices rongeurs, qui s'attachent à elle, comme des vers à un cadavre.

Personne ne conteste que l'aristocratie française du dernier siècle ne fût très-dissolue; tandis que d'anciennes habitudes et de vieilles croyances maintenaient encore le respect des mœurs dans les autres classes.

On n'aura pas de peine non plus à tomber d'accord que, de notre temps, une certaine sévérité de principes ne se fasse voir parmi les débris de cette même aristocratie; au lieu que le désordre des mœurs a paru s'étendre dans les rangs moyens et inférieurs de la société. De telle sorte que les mêmes familles qui se montraient, il y a cinquante ans, les plus relâchées se montrent aujourd'hui les plus exemplaires, et que la démocratie semble n'avoir moralisé que les classes aristocratiques.

La révolution, en divisant la fortune des nobles, en les forçant de s'occuper assidument de leurs affaires et de leurs familles, en les renfermant avec leurs enfants sous le même toit, en donnant enfin un tour plus raisonnable et plus grave à leurs pensées, leur a suggéré, sans qu'ils s'en aperçoivent eux-mêmes, le respect des croyances religieuses, l'amour de l'ordre, des plaisirs paisibles, des joies domestiques et du bien-être ; tandis que le reste de la nation, qui avait naturellement ces mêmes goûts, était entraîné vers le désordre par l'effort même qu'il fallait faire pour renverser les lois et les coutumes politiques.

L'ancienne aristocratie française a subi les conséquences de la révolution, et elle n'a point ressenti les passions révolutionnaires, ni partagé l'entraînement souvent anarchique qui l'a produite ; il est facile de concevoir qu'elle éprouve dans ses mœurs l'influence salutaire de cette révolution, avant ceux mêmes qui l'ont faite.

Il est donc permis de dire, quoique la chose au premier abord paraisse surprenante, que, de nos jours, ce sont les classes les plus anti-démocratiques de la nation qui font le mieux voir l'espèce de moralité qu'il est raisonnable d'attendre de la démocratie.

Je ne puis m'empêcher de croire, que quand

nous aurons obtenu tous les effets de la révolution démocratique, après être sortis du tumulte qu'elle a fait naître, ce qui n'est vrai aujourd'hui que de quelques uns, le deviendra peu à peu de tous.

CHAPITRE XII.

Comment les Américains comprennent l'égalité de l'homme et de la femme.

J'ai fait voir comment la démocratie détruisait ou modifiait les diverses inégalités que la société fait naître ; mais est-ce là tout, et ne parvient-elle pas enfin à agir sur cette grande inégalité de l'homme et de la femme, qui a semblé, jusqu'à nos jours, avoir ses fondements éternels dans la nature ?

Je pense que le mouvement social qui rapproche du même niveau le fils et le père, le serviteur et le maître, et, en général, l'inférieur et le supérieur, élève la femme, et doit de plus en plus en faire l'égale de l'homme.

Mais c'est ici, plus que jamais, que je sens le besoin d'être bien compris; car, il n'y a pas de sujet sur lequel l'imagination grossière et désordonnée de notre siècle se soit donné une plus libre carrière.

Il y a des gens en Europe, qui, confondant les attributs divers des sexes, prétendent faire de l'homme et de la femme des êtres, non seulement égaux, mais semblables. Ils donnent à l'un comme à l'autre les mêmes fonctions, leur imposent les mêmes devoirs et leur accordent les mêmes droits; ils les mêlent en toutes choses, travaux, plaisirs, affaires. On peut aisément concevoir qu'en s'efforçant d'égaler ainsi un sexe à l'autre, on les dégrade tous les deux; et que de ce mélange grossier des œuvres de la nature, il ne saurait jamais sortir que des hommes faibles et des femmes déshonnêtes.

Ce n'est point ainsi que les Américains ont compris l'espèce d'égalité démocratique qui peut s'établir entre la femme et l'homme. Ils ont pensé que, puisque la nature avait établi une si grande variété entre la constitution physique et morale de l'homme et celle de la femme, son but clairement indiqué était de donner à leurs différentes facultés un emploi divers; et ils ont jugé que le progrès ne consistait point à faire faire à peu près les mêmes choses à des êtres dissemblables, mais à obtenir que chacun d'eux s'acquittât le mieux possible de sa tâche. Les Américains ont appliqué aux deux sexes le grand principe d'économie politique qui domine de nos jours l'industrie. Ils ont soigneusement divisé les fonctions de l'homme et de la femme, afin que le grand travail social fût mieux fait.

L'Amérique est le pays du monde où l'on a pris le soin le plus continuel de tracer aux deux sexes des lignes d'action nettement séparées; et où l'on a voulu que tous deux marchassent d'un pas égal, mais dans des chemins toujours différents. Vous ne voyez point d'Américaines diriger les affaires extérieures de la famille, conduire un négoce, ni pénétrer enfin dans la sphère politique; mais on n'en rencontre point non plus qui soient obligées de se livrer aux rudes travaux du labourage, ni à aucun des exercices pénibles qui exigent le développement de la force physique. Il n'y a pas de familles si pauvres qui fassent exception à cette règle. Si l'Américaine ne peut point s'échapper du cercle paisible des occupations domestiques, elle n'est, d'autre part, jamais contrainte d'en sortir.

De là vient que les Américaines, qui font souvent voir une mâle raison et une énergie toute virile, conservent en général une apparence très-délicate, et restent toujours femmes par les manières, bien qu'elles se montrent hommes quelquefois par l'esprit et le cœur.

Jamais non plus les Américains n'ont imaginé que la conséquence des principes démocratiques fût de renverser la puissance maritale et d'introduire la confusion des autorités dans la famille. Ils ont pensé que toute association, pour être efficace, devait avoir un chef, et que le chef naturel de l'association conjugale était l'homme. Ils ne refusent donc point à celui-ci le droit de diriger sa compagne; et ils croient que, dans la petite société du mari et de la femme, ainsi que dans la grande société politique, l'objet de la démocratie est de régler et de légitimer les pouvoirs nécessaires, et non de détruire tout pouvoir.

Cette opinion n'est point particulière à un sexe, et combattue par l'autre.

Je n'ai pas remarqué que les Américaines considérassent l'autorité conjugale comme une usurpation heureuse de leurs droits, ni qu'elles crussent que ce fût s'abaisser de s'y soumettre. Il m'a semblé voir, au contraire, qu'elles se faisaient une sorte de gloire du volontaire abandon de leur volonté, et qu'elles mettaient leur grandeur à se plier d'elles-mêmes au joug, et non à s'y soustraire. C'est là, du moins, le sentiment qu'expriment les plus vertueuses : les autres se taisent, et l'on n'entend point aux États-Unis d'épouse adultère réclamer bruyamment les droits de la femme, en foulant aux pieds ses plus saints devoirs.

On a remarqué souvent qu'en Europe un certain mépris se découvre au milieu même des flatteries que les hommes prodiguent aux femmes : bien que l'Européen se fasse souvent l'esclave de la femme, on voit qu'il ne la croit jamais sincèrement son égale.

Aux États-Unis, on ne loue guère les femmes; mais on montre chaque jour qu'on les estime.

Les Américains font voir sans cesse une pleine confiance dans la raison de leur compagne, et un respect profond pour sa liberté. Ils jugent que son esprit est aussi capable que celui de l'homme de découvrir la vérité toute nue, et son cœur assez ferme pour la suivre; et ils n'ont jamais cherché à mettre la vertu de l'un plus que celle de l'autre à l'abri des préjugés, de l'ignorance ou de la peur.

Il semble qu'en Europe, où l'on se soumet si aisément à l'empire despotique des femmes, on leur refuse cependant quelques-uns des plus grands attributs de l'espèce humaine, et qu'on les considère comme des êtres séduisants et incomplets; et, ce dont on ne saurait trop s'étonner, c'est que les femmes elles-mêmes finissent par se voir sous le même jour, et qu'elles ne sont pas éloignées de considérer comme un privilége la faculté qu'on leur laisse de se montrer futiles, faibles et craintives. Les Américaines ne réclament point de semblables droits.

On dirait, d'une autre part, qu'en fait de mœurs, nous ayons accordé à l'homme une sorte d'immunité singulière ; de telle sorte qu'il y ait comme une vertu à son usage, et une autre à celui de sa compagne ; et que, suivant l'opinion publique, le même acte puisse être alternativement un crime ou seulement une faute.

Les Américains ne connaissent point cet inique partage des devoirs et des droits. Chez eux, le séducteur y est aussi déshonoré que sa victime.

Il est vrai que les Américains témoignent rarement aux femmes ces égards empressés dont on se plaît à les environner en Europe; mais ils montrent toujours, par leur conduite, qu'ils les supposent vertueuses et délicates; et ils ont un si grand respect pour leur liberté morale, qu'en leur présence chacun veille avec soin sur ses discours, de peur qu'elles ne soient forcées d'entendre un langage qui les blesse. En Amérique, une jeune fille entreprend, seule et sans crainte, un long voyage.

Les législateurs des États-Unis, qui ont adouci presque toutes les dispositions du Code pénal, punissent de mort le viol; et il n'est point de crimes que l'opinion publique poursuive avec une ardeur plus inexorable. Cela s'explique : comme les Américains ne conçoivent rien de plus précieux que l'honneur de la femme, et rien de si respectable que son indépendance; ils estiment qu'il n'y a pas de châtiment trop sévère pour ceux qui les lui enlèvent malgré elle.

En France, où le même crime est frappé de peines beaucoup plus douces, il est souvent difficile de trouver un jury qui condamne. Serait-ce mépris de la pudeur, ou mépris de la femme? Je ne puis m'empêcher de croire que c'est l'un et l'autre.

Ainsi, les Américains ne croient pas que l'homme et la femme aient le devoir ni le droit de faire les mêmes choses; mais ils montrent une même estime pour le rôle de chacun d'eux, et ils les considèrent comme des êtres dont la valeur est égale, quoique la destinée diffère. Ils ne donnent point au courage de la femme la même forme ni le même emploi qu'à celui de l'homme; mais ils ne doutent jamais de son courage; et s'ils estiment que l'homme et sa compagne ne doivent pas toujours employer leur intelligence et leur raison de la même manière, ils jugent, du moins, que la raison de l'une est aussi assurée que celle de l'autre, et son intelligence aussi claire.

Les Américains, qui ont laissé subsister dans la société l'infériorité de la femme, l'ont donc élevée de tout leur pouvoir, dans le monde intellectuel et moral, au niveau de l'homme; et, en ceci, ils me paraissent avoir admirablement compris la véritable notion du progrès démocratique.

Pour moi, je n'hésiterai pas à le dire : quoique aux États-Unis la femme ne sorte guère du cercle domestique, et qu'elle y soit, à certains égards, fort dépendante, nulle part sa position ne m'a semblé plus haute; et si, maintenant que j'approche de la fin de ce livre, où j'ai montré tant de choses considérables faites par les Américains, on me demandait à quoi je pense qu'il faille principalement attribuer la prospérité singulière et la force croissante de ce peuple, je répondrais que c'est à la supériorité de ses femmes.

CHAPITRE XIII.

Comment l'égalité divise naturellement les Américains en une multitude de petites sociétés particulières.

On serait porté à croire que la conséquence dernière et l'effet nécessaire des institutions démocratiques est de confondre les citoyens dans la vie privée aussi bien que dans la vie publique, et de les forcer tous à mener une existence commune.

C'est comprendre, sous une forme bien grossière et bien tyrannique, l'égalité que la démocratie fait naître.

Il n'y a point d'état social ni de lois qui puissent rendre les hommes tellement semblables, que l'éducation, la fortune et les goûts ne mettent entre eux quelque différence, et, si des hommes différents peuvent trouver quelquefois leur intérêt à faire, en commun, les mêmes choses, on doit croire qu'ils n'y trouveront jamais leur plaisir. Ils échapperont donc toujours, quoi qu'on fasse, à la main du législateur; et, se dérobant par quelque endroit du cercle où l'on cherche à les renfermer, ils établiront, à côté de la grande société politique, de petites sociétés privées, dont la similitude des conditions, des habitudes et des mœurs sera le lien.

Aux États-Unis, les citoyens n'ont aucune prééminence les uns sur les autres ; ils ne se doivent réciproquement ni obéissance ni respect; ils administrent ensemble la justice, et gouvernent l'État, et en général ils se réunissent tous pour traiter les affaires qui influent sur la destinée commune; mais je n'ai jamais ouï dire qu'on prétendît les amener à se divertir tous de la même manière, ni à se réjouir confusément dans les mêmes lieux.

Les Américains, qui se mêlent si aisément dans l'enceinte des assemblées politiques et des tribunaux, se divisent, au contraire, avec grand soin en petites associations fort distinctes, pour goûter à part les jouissances de la vie privée. Chacun d'eux reconnaît volontiers tous ses concitoyens pour ses égaux, mais il n'en reçoit jamais qu'un très-petit nombre parmi ses amis ou ses hôtes.

Cela me semble très-naturel. A mesure que le cercle de la société publique s'agrandit, il faut s'attendre à ce que la sphère des relations privées se resserre : au lieu d'imaginer que les citoyens des sociétés nouvelles vont finir par vivre en commun, je crains bien qu'ils n'arrivent enfin à ne plus former que de très-petites coteries.

Chez les peuples aristocratiques, les différentes classes sont comme de vastes enceintes, d'où l'on ne peut sortir, et où l'on ne saurait entrer. Les classes ne se communiquent point entre elles; mais, dans l'intérieur de chacunes d'elles, les hommes se pratiquent forcément tous les jours. Lors même que naturellement ils ne se conviendraient point, la convenance générale d'une même condition les rapproche.

Mais lorsque ni la loi ni la coutume ne se chargent d'établir des relations fréquentes et habituelles entre certains hommes, la ressemblance accidentelle des opinions et des penchants en décide. Ce qui varie les sociétés particulières à l'infini.

Dans les démocraties, où les citoyens ne diffèrent jamais beaucoup les uns des autres, et se trouvent naturellement si proches qu'à chaque instant il peut leur arriver de se confondre tous dans une masse commune, il se crée une multitude de classifications artificielles et arbitraires à l'aide desquelles chacun cherche à se mettre à l'écart, de peur d'être entraîné malgré soi dans la foule.

Il ne saurait jamais manquer d'en être ainsi; car, on peut changer les institutions humaines, mais non l'homme : quel que soit l'effort général d'une société pour rendre les citoyens égaux et semblables, l'orgueil particulier des individus cherchera toujours à échapper au niveau, et voudra former quelque part, une inégalité dont il profite.

Dans les aristocraties, les hommes sont séparés les uns des autres par de hautes barrières immobiles; dans les démocraties, ils sont divisés par une multitude de petits fils presque invisibles, qu'on brise à tous moments et qu'on change sans cesse de place.

Ainsi, quels que soient les progrès de l'égalité, il se formera toujours chez les peuples démocratiques un grand nombre de petites associations privées au milieu de la grande société politique. Mais aucune d'elles ne ressemblera, par les manières, à la classe supérieure qui dirige les aristocraties.

CHAPITRE XIV.

Quelques réflexions sur les manières américaines.

Il n'y a rien, au premier abord, qui semble moins important que la forme extérieure des actions humaines, et il n'y a rien à quoi les hommes attachent plus de prix ; ils s'accoutument à tout, excepté à vivre dans une société qui n'a pas leurs manières. L'influence qu'exerce l'état social et politique sur les manières vaut donc la peine d'être sérieusement examinée.

Les manières sortent, en général, du fond même des mœurs, et, de plus, elles résultent quelquefois d'une convention arbitraire entre certains 'hommes. Elles sont, en même temps, naturelles et acquises.

Quand des hommes s'aperçoivent qu'ils sont les premiers sans contestation et sans peine; qu'ils ont chaque jour sous les yeux de grands objets dont ils s'occupent, laissant à d'autres les détails; et qu'ils vivent au sein d'une richesse qu'ils n'ont pas acquise et qu'ils ne craignent pas de perdre, on conçoit qu'ils éprouvent une sorte de dédain superbe pour les petits intérêts et les soins matériels de la vie, et qu'ils aient dans la pensée une grandeur naturelle que les paroles et les manières révèlent.

Dans les pays démocratiques, les manières ont d'ordinaire peu de grandeur, parce que la vie privée y est fort petite. Elles sont souvent vulgaires, parce que la pensée n'y a que peu d'occasions de s'y élever au-delà de la préoccupation des intérêts domestiques.

La véritable dignité des manières consiste à se montrer toujours à sa place, ni plus haut, ni plus bas; cela est à la portée du paysan comme du prince. Dans les démocraties, toutes les places paraissent douteuses; d'où il arrive que les manières, qui y sont souvent orgueilleuses, y sont rarement dignes. De plus, elles ne sont jamais ni bien réglées ni bien savantes.

Les hommes qui vivent dans les démocraties

sont trop mobiles pour qu'un certain nombre d'entre eux parvienne à établir un code de savoir-vivre et puissent tenir la main à ce qu'on le suive. Chacun y agit donc à peu près à sa guise, et il y règne toujours une certaine incohérence dans les manières, parce qu'elles se conforment aux sentiments et aux idées individuelles de chacun, plutôt qu'à un modèle idéal donné d'avance à l'imitation de tous.

Toutefois, ceci est bien plus sensible au moment où l'aristocratie vient de tomber que lorsqu'elle est depuis longtemps détruite.

Les institutions politiques nouvelles et les nouvelles mœurs réunissent alors dans les mêmes lieux et forcent souvent de vivre en commun des hommes que l'éducation et les habitudes rendent encore prodigieusement dissemblables; ce qui fait ressortir à tout moment de grandes bigarrures. On se souvient encore qu'il a existé un code précis de la politesse; mais on ne sait déjà plus ni ce qu'il contient ni où il se trouve. Les hommes ont perdu la loi commune des manières, et ils n'ont pas encore pris le parti de s'en passer; mais chacun s'efforce de former, avec les débris des anciens usages, une certaine règle arbitraire et changeante; de telle sorte que les manières n'ont ni la régularité ni la grandeur qu'elles font souvent voir chez les peuples aristocratiques, ni le tour simple et libre qu'on leur remarque quelquefois dans la démocratie; elles sont tout à la fois gênées et sans gêne.

Ce n'est pas là l'état normal.

Quand l'égalité est complète et ancienne, tous les hommes ayant à peu près les mêmes idées et faisant à peu près les mêmes choses, n'ont pas besoin de s'entendre ni de se copier pour agir et parler de la même sorte; on voit sans cesse une multitude de petites dissemblances dans leurs manières; on n'y aperçoit pas de grandes différences. Ils ne se ressemblent jamais parfaitement, parce qu'ils n'ont pas le même modèle; ils ne sont jamais fort dissemblables, parce qu'ils ont la même condition. Au premier abord, on dirait que les manières de tous les Américains sont exactement pareilles. Ce n'est qu'en les considérant de fort près, qu'on aperçoit les particularités par où tous diffèrent.

Les Anglais se sont fort égayés aux dépens des manières américaines; et, ce qu'il y a de particulier, c'est que la plupart de ceux qui nous en ont fait un si plaisant tableau, appartenaient aux classes moyennes d'Angleterre, auxquelles ce même tableau est fort applicable. De telle sorte, que ces impitoyables détracteurs présentent d'ordinaire l'exemple de ce qu'ils blâment aux États-Unis; ils ne s'aperçoivent pas qu'ils se raillent eux-mêmes, pour la plus grande joie de l'aristocratie de leur pays.

Rien ne fait plus de tort à la démocratie, que la forme extérieure de ses mœurs. Bien des gens s'accomoderaient volontiers de ses vices, qui ne peuvent supporter ses manières.

Je ne saurais admettre cependant qu'il n'y ait rien à louer dans les manières des peuples démocratiques.

Chez les nations aristocratiques, tous ceux qui avoisinent la première classe s'efforcent d'ordinaire de lui ressembler, ce qui produit des imitations très-ridicules et fort plates. Si les peuples démocratiques ne possèdent point chez eux le modèle des grandes manières; ils échappent du moins à l'obligation d'en voir tous les jours de méchantes copies.

Dans les démocraties, les manières ne sont jamais si raffinées que chez les peuples aristocratiques; mais jamais non plus elles ne se montrent si grossières. On n'y entend, ni les gros mots de la populace, ni les expressions nobles et choisies des grands seigneurs. Il y a souvent de la trivialité dans les mœurs, mais point de brutalité ni de bassesse.

J'ai dit que dans les démocraties, il ne saurait se former un code précis, en fait de savoir-vivre. Ceci a son inconvénient et ses avantages. Dans les aristocraties, les règles de la bienséance imposent à chacun la même apparence; elles rendent tous les membres de la même classe semblables, en dépit de leurs penchants particuliers ; elles parent le naturel et le cachent. Chez les peuples démocratiques, les manières ne sont ni aussi savantes ni aussi régulières; mais elles sont souvent plus sincères. Elles forment comme un voile léger et mal tissu, à travers lequel les sentiments véritables et les idées individuelles de chaque homme se laissent aisément voir. La forme et le fond des actions humaines s'y rencontrent donc souvent dans un rapport intime, et, si le grand tableau de l'humanité est moins orné, il est plus vrai. Et c'est ainsi, que dans un sens, on peut dire que l'effet de la démocratie n'est point précisément de donner aux hommes certaines manières, mais d'empêcher qu'ils n'aient des manières.

On peut quelquefois retrouver dans une démocratie, des sentiments, des passions, des vertus et des vices de l'aristocratie; mais non ses manières. Celles-ci se perdent et disparaissent sans retour, quand la révolution démocratique est complète.

Il semble qu'il n'y a rien de plus durable que les manières d'une classe aristocratique; car elle les conserve encore quelque temps après avoir perdu ses biens et son pouvoir; ni de si fragile, car à peine ont-elles disparu, qu'on n'en retrouve plus la trace, et qu'il est difficile de dire ce qu'elles étaient du moment qu'elles ne sont plus. Un changement dans l'état social opère ce prodige; quelques générations y suffisent.

Les traits principaux de l'aristocratie restent gravés dans l'histoire, lorsque l'aristocratie est détruite, mais les formes délicates et légères de ses mœurs disparaissent de la mémoire des hommes, presque aussitôt après sa chute. Ils ne sauraient les concevoir dès qu'ils ne les ont plus sous les yeux. Elles leur échappent sans qu'ils le voient ni qu'ils le sentent. Car, pour éprouver cette espèce de plaisir raffiné que procurent la distinction et le choix des manières, il faut que l'habitude et l'éducation y aient préparé le cœur, et l'on en perd aisément le goût avec l'usage.

Ainsi, non seulement les peuples démocratiques ne sauraient avoir les manières de l'aristocratie; mais ils ne les conçoivent ni ne les désirent; ils ne les imaginent point, elles sont, pour eux, comme si elles n'avaient jamais été.

Il ne faut pas attacher trop d'importance à cette perte; mais il est permis de la regretter.

Je sais qu'il est arrivé plus d'une fois que les mêmes hommes ont eu des mœurs très-distinguées et des sentiments très-vulgaires; l'intérieur des cours a fait assez voir que de grands dehors pouvaient souvent cacher des cœurs fort bas. Mais, si les manières de l'aristocratie ne faisaient point la vertu, elles ornaient quelquefois la vertu même. Ce n'était point un spectacle ordinaire que celui d'une classe nombreuse et puissante, où tous les actes extérieurs de la vie semblaient révéler à chaque instant la hauteur naturelle des sentiments et des pensées, la délicatesse et la régularité de goûts, l'urbanité des mœurs.

Les manières de l'aristocratie donnaient de belles illusions sur la nature humaine; et quoique le tableau fût souvent menteur, on éprouvait un noble plaisir à le regarder.

CHAPITRE XV.

De la gravité des Américains, et pourquoi elle ne les empêche pas de faire souvent des choses inconsidérées.

Les hommes qui vivent dans les pays démocratiques ne prisent point ces sortes de divertissements naïfs, turbulents et grossiers auxquels le peuple se livre dans les aristocraties; ils les trouvent puérils ou insipides. Ils ne montrent guère plus de goût pour les amusements intellectuels et raffinés des classes aristocratiques; il leur faut quelque chose de productif et de substantiel dans leurs plaisirs; et ils veulent mêler des jouissances à leur joie.

Dans les sociétés aristocratiques, le peuple s'abandonne volontiers aux élans d'une gaieté tumultueuse et bruyante qui l'arrache tout à coup à la contemplation de ses misères; les habitants des démocraties n'aiment point à se sentir ainsi tirés violemment hors d'eux-mêmes, et c'est toujours à regret qu'ils se perdent de vue. A ces transports frivoles ils préfèrent des délassements graves et silencieux qui ressemblent à des affaires et ne les fassent point entièrement oublier.

Il y a tel Américain qui, au lieu d'aller dans ses moments de loisir danser joyeusement sur la place publique, ainsi que les gens de sa profession continuent à le faire dans une grande partie de l'Europe, se retire seul au fond de sa demeure, pour y boire. Cet homme jouit à la fois de deux plaisirs : il songe à son négoce, et il s'enivre décemment en famille.

Je croyais que les Anglais formaient la nation la plus sérieuse qui fût sur la terre, mais j'ai vu les Américains et j'ai changé d'opinion.

Je ne veux pas dire que le tempérament ne soit pas pour beaucoup dans le caractère des habitants des États-Unis. Je pense, toutefois, que les institutions politiques y contribuent plus encore.

Je crois que la gravité des Américains naît en partie de leur orgueil. Dans les pays démocratiques, le pauvre lui-même a une haute idée de sa valeur personnelle. Il se contemple avec complaisance et croit volontiers que les autres le regardent. Dans cette disposition, il veille avec soin sur ses paroles et sur ses actes, et ne se livre point, de peur de découvrir ce qui lui manque. Il se figure que pour paraître digne il lui faut rester grave.

Mais j'aperçois une autre cause plus intime et plus puissante qui produit instinctivement chez les Américains cette gravité qui m'étonne.

Sous le despotisme les peuples se livrent de temps en temps aux éclats d'une folle joie; mais, en général, ils sont mornes et concentrés, parce qu'ils ont peur.

Dans les monarchies absolues, que tempèrent la coutume et les mœurs, ils font souvent voir une humeur égale et enjouée, parce qu'ayant quelque liberté et une assez grande sécurité, ils sont écartés des soins les plus importants de la vie; mais tous les peuples libres sont graves, parce que leur esprit est habituellement absorbé dans la vue de quelque projet dangereux ou difficile.

Il en est surtout ainsi chez les peuples libres qui sont constitués en démocraties. Il se rencontre alors dans toutes les classes un nombre infini de gens qui se préoccupent sans cesse des affaires sérieuses du gouvernement; et ceux qui ne songent point à diriger la fortune publique, sont livrés tout entiers aux soins d'accroître leur fortune privée. Chez un pareil peuple la gravité n'est plus particulière à certains hommes, elle devient une habitude nationale.

On parle des petites démocraties de l'antiquité dont les citoyens se rendaient sur la place publique avec des couronnes de roses, et qui passaient presque tout leur temps en danses et en spectacles. Je ne crois pas plus à de semblables républiques qu'à celle de Platon; ou, si les choses s'y passaient ainsi qu'on nous le raconte, je ne crains pas d'affirmer que ces prétendues démocraties étaient formées d'élémens bien différens des nôtres, et qu'elles n'avaient avec celles-ci rien de commun que le nom.

Il ne faut pas croire, du reste, qu'au milieu de tous leurs labeurs, les gens qui vivent dans les démocraties se jugent à plaindre : le contraire se remarque. Il n'y a point d'hommes qui tiennent autant à leur condition que ceux-là. Ils trouveraient la vie sans saveur, si on les délivrait des soins qui les tourmentent, et ils se montrent plus attachés à leurs soucis que les peuples aristocratiques à leurs plaisirs.

Je me demande pourquoi les mêmes peuples démocratiques, qui sont si graves, se conduisent quelquefois d'une manière si inconsidérée.

Les Américains, qui gardent presque toujours un maintien posé et un air froid, se laissent néanmoins emporter souvent bien loin des limites de la raison par une passion soudaine ou une opinion irréfléchie, et il leur arrive de faire sérieusement des étourderies singulières.

Ce contraste ne doit pas surprendre.

Il y a une sorte d'ignorance qui naît de l'extrême publicité. Dans les états despotiques, les hommes ne savent comment agir, parce qu'on ne leur dit rien ; chez les nations démocratiques, ils agissent souvent au hasard, parce qu'on a voulu leur tout dire. Les premiers ne savent pas, et les autres oublient. Les traits principaux de chaque tableau disparaissent pour eux parmi la multitude des détails.

On s'étonne de tous les propos imprudents que se permet quelquefois un homme public dans les états libres et surtout dans les états démocratiques, sans en être compromis ; tandis que, dans les monarchies absolues, quelques mots qui échappent par hasard suffisent pour le dévoiler à jamais et le perdre sans ressource.

Cela s'explique par ce qui précède. Lorsqu'on parle au milieu d'une grande foule, beaucoup de paroles ne sont point entendues, ou sont aussitôt effacées du souvenir de ceux qui les entendent ; mais, dans le silence d'une multitude muette et immobile, les moindres chuchottements frappent l'oreille.

Dans les démocraties, les hommes ne sont jamais fixes ; mille hasards les font sans cesse changer de place, et il règne presque toujours je ne sais quoi d'imprévu et, pour ainsi dire, d'improvisé dans leur vie. Aussi sont-ils souvent forcés de faire ce qu'ils ont mal appris, de parler de ce qu'ils ne comprennent guère, et de se livrer à des travaux auxquels un long apprentissage ne les a pas préparés.

Dans les aristocraties, chacun n'a qu'un seul but qu'il poursuit sans cesse ; mais, chez les peuples démocratiques, l'existence de l'homme est plus compliquée ; il est rare que le même esprit n'y embrasse point plusieurs objets à la fois, et souvent des objets fort étrangers les uns aux autres. Comme il ne peut les bien connaître tous, il se satisfait aisément de notions imparfaites.

Quand l'habitant des démocraties n'est pas pressé par ses besoins, il l'est du moins par ses désirs ; car, parmi tous les biens qui l'environnent, il n'en voit aucun qui soit entièrement hors de sa portée. Il fait donc toutes choses à la hâte ; se contente sans cesse d'à peu près, et ne s'arrête jamais qu'un moment pour considérer chacun de ses actes.

Sa curiosité est tout à la fois insatiable et satisfaite à peu de frais ; car il tient à savoir vite beaucoup, plutôt qu'à bien savoir.

Il n'a guère le temps, et il perd bientôt le goût d'approfondir.

Ainsi donc, les peuples démocratiques sont graves, parce que leur état social et politique les porte sans cesse à s'occuper de choses sérieuses; et ils agissent inconsidérément, parce qu'ils ne donnent que peu de temps et d'attention à chacune de ces choses.

L'habitude de l'inattention doit être considérée comme le plus grand vice de l'esprit démocratique.

CHAPITRE XVI.

Pourquoi la vanité nationale des Américains est plus inquiète et plus querelleuse que celle des Anglais.

Tous les peuples libres se montrent glorieux d'eux-mêmes; mais l'orgueil national ne se manifeste pas chez tous de la même manière.

Les Américains, dans leurs rapports avec les étrangers, paraissent impatients de la moindre censure et insatiables de louanges. Le plus mince éloge leur agrée, et le plus grand suffit rarement à les satisfaire; ils vous harcèlent à tous moments pour obtenir de vous d'être loués; et, si vous résistez à leurs instances, ils se louent eux-mêmes. On dirait que, doutant de leur propre mérite, ils veulent à chaque instant en avoir le tableau sous leurs yeux. Leur vanité n'est pas seulement avide, elle est inquiète et envieuse. Elle n'accorde rien en demandant sans cesse. Elle est quêteuse et querelleuse à la fois.

Je dis à un Américain que le pays qu'il habite est beau; il réplique : « Il est vrai, il n'y en a pas « de pareil au monde! » J'admire la liberté dont jouissent ses habitants, et il me répond : « C'est « un don précieux que la liberté! mais il y a bien « peu de peuples qui soient dignes d'en jouir. » Je remarque la pureté de mœurs qui règne aux États-Unis : « Je conçois, dit-il, qu'un étranger, « qui a été frappé de la corruption qui se fait « voir chez toutes les autres nations, soit étonné à « ce spectacle. » Je l'abandonne enfin à la contemplation de lui-même; mais il revient à moi et ne me quitte point qu'il ne soit parvenu à me faire répéter ce que je viens de lui dire. On ne saurait imaginer de patriotisme plus incommode et plus bavard. Il fatigue ceux même qui l'honorent.

Il n'en est point ainsi des Anglais. L'Anglais jouit tranquillement des avantages réels ou imaginaires qu'à ses yeux son pays possède. S'il n'accorde rien aux autres nations, il ne demande rien non plus pour la sienne. Le blâme des étrangers ne l'émeut point et leur louange ne le flatte guère. Il se tient vis-à-vis du monde entier dans une réserve pleine de dédain et d'ignorance. Son orgueil n'a pas besoin d'aliment; il vit sur lui-même.

Que deux peuples sortis depuis peu d'une même souche se montrent si opposés l'un à l'autre, dans la manière de sentir et de parler, cela est remarquable.

Dans les pays aristocratiques, les grands possèdent d'immenses priviléges, sur lesquels leur orgueil se repose, sans chercher à se nourrir des menus avantages qui s'y rapportent. Ces priviléges leur étant arrivés par héritage, ils les considèrent, en quelque sorte, comme une partie d'eux-mêmes, ou du moins comme un droit naturel et inhérent à leur personne. Ils ont donc un sentiment paisible de leur supériorité; ils ne songent point à vanter des prérogatives que chacun aperçoit et que personne ne leur dénie. Ils ne s'en étonnent point assez pour en parler. Ils restent immobiles au milieu de leur grandeur solitaire, sûrs que tout le monde les y voit, sans qu'ils cherchent à s'y montrer, et que nul n'entreprendra de les en faire sortir.

Quand une aristocratie conduit les affaires publiques, son orgueil national prend naturellement cette forme réservée, insouciante et hautaine, et toutes les autres classes de la nation l'imitent.

Lorsqu'au contraire, les conditions diffèrent

peu, les moindres avantages ont de l'importance. Comme chacun voit autour de soi un million de gens qui en possèdent de tout semblables ou d'analogues, l'orgueil devient exigeant et jaloux; il s'attache à des misères et les défend opiniâtrément.

Dans les démocraties, les conditions étant fort mobiles, les hommes ont presque toujours récemment acquis les avantages qu'ils possèdent; ce qui fait qu'ils sentent un plaisir infini à les exposer aux regards, pour montrer aux autres et se témoigner à eux-mêmes qu'ils en jouissent; et comme, à chaque instant, il peut arriver que ces avantages leur échappent, ils sont sans cesse en alarmes, et s'efforcent de faire voir qu'ils les tiennent encore. Les hommes qui vivent dans les démocraties, aiment leur pays de la même manière qu'ils s'aiment eux-mêmes, et ils transportent les habitudes de leur vanité privée dans leur vanité nationale.

La vanité inquiète et insatiable des peuples démocratiques tient tellement à l'égalité et à la fragilité des conditions, que les membres de la plus fière noblesse montrent absolument la même passion dans les petites portions de leur existence, où il y a quelque chose d'instable et de contesté.

Une classe aristocratique diffère toujours profondément des autres classes de la nation, par

par l'étendue et la perpétuité des prérogatives; mais il arrive quelquefois que plusieurs de ses membres ne diffèrent entre eux que par de petits avantages fugitifs qu'ils peuvent perdre et acquérir tous les jours.

On a vu les membres d'une puissante aristocratie, réunis dans une capitale ou dans une cour, s'y disputer avec acharnement les priviléges frivoles qui dépendent du caprice de la mode ou de la volonté du maître. Ils montraient alors précisément les uns envers les autres les mêmes jalousies puériles qui animent les hommes des démocraties, la même ardeur pour s'emparer des moindres avantages que leurs égaux leur contestaient, et le même besoin d'exposer à tous les regards ceux dont ils avaient la jouissance.

Si les courtisans s'avisaient jamais d'avoir de l'orgueil national, je ne doute pas qu'ils n'en fissent voir un tout pareil à celui des peuples démocratiques.

CHAPITRE XVII.

Comment l'aspect de la société, aux États-Unis, est tout à la fois agitée et monotone.

Il semble que rien ne soit plus propre à exciter et à nourrir la curiosité que l'aspect des États-Unis. Les fortunes, les idées, les lois y varient sans cesse. On dirait que l'immobile nature elle-même est mobile, tant elle se transforme chaque jour sous la main de l'homme.

A la longue cependant la vue de cette société si agitée paraît monotone, et, après avoir contemplé quelque temps ce tableau si mouvant, le spectateur s'ennuie.

Chez les peuples aristocratiques, chaque homme

est à peu près fixe dans sa sphère; mais les hommes sont prodigieusement dissemblables; ils ont des passions, des idées, des habitudes et des goûts essentiellement divers. Rien n'y remue, tout y diffère.

Dans les démocraties, au contraire, tous les hommes sont semblables et font des choses à peu près semblables. Ils sont sujets, il est vrai, à de grandes et continuelles vicissitudes; mais, comme les mêmes succès et les mêmes revers reviennent continuellement, le nom des acteurs seul est différent, la pièce est la même. L'aspect de la société américaine est agité, parce que les hommes et les choses changent constamment; et il est monotone, parce que tous les changements sont pareils.

Les hommes qui vivent dans les temps démocratiques ont beaucoup de passions; mais la plupart de leurs passions aboutissent à l'amour des richesses, ou en sortent. Cela ne vient pas de ce que leurs âmes sont plus petites, mais de ce que l'importance de l'argent est alors réellement plus grande.

Quand les citoyens sont tous indépendants et indifférents, ce n'est qu'en payant qu'on peut obtenir le concours de chacun d'eux; ce qui multiplie à l'infini l'usage de la richesse, et en accroît le prix.

Le prestige qui s'attachait aux choses anciennes ayant disparu, la naissance, l'état, la profession ne distinguent plus les hommes, ou les distinguent à peine ; il ne reste plus guère que l'argent qui crée des différences très-visibles entre eux, et qui puisse en mettre quelques uns hors de pair. La distinction qui naît de la richesse s'augmente de la disparition et de la diminution de toutes les autres.

Chez les peuples aristocratiques, l'argent ne mène qu'à quelques points seulement de la vaste circonférence des désirs ; dans les démocraties, il semble qu'il conduise à tous.

On retrouve donc d'ordinaire l'amour des richesses, comme principal ou accessoire, au fond des actions des Américains ; ce qui donne à toutes leurs passions un air de famille, et ne tarde point à en rendre fatigant le tableau.

Ce retour perpétuel de la même passion est monotone ; les procédés particuliers que cette passion emploie pour se satisfaire le sont également.

Dans une démocratie constituée et paisible, comme celle des États-Unis, où l'on ne peut s'enrichir ni par la guerre, ni par les emplois publics, ni par les confiscations politiques, l'amour des richesses dirige principalement les hommes vers l'industrie. Or, l'industrie, qui amène souvent de si grands désordres et de si grands désastres, ne saurait cependant prospérer qu'à l'aide d'habitudes très-régulières et par une longue succession de petits actes très-uniformes. Les habitudes sont d'autant plus régulières et les actes plus uniformes que la passion est plus vive. On peut dire que c'est la violence même de leurs désirs qui rend les Américains si méthodiques. Elle trouble leur âme, mais elle range leur vie.

Ce que je dis de l'Amérique s'applique du reste à presque tous les hommes de nos jours. La variété disparaît du sein de l'espèce humaine ; les mêmes manières d'agir, de penser et de sentir se retrouvent dans tous les coins du monde. Cela ne vient pas seulement de ce que tous les peuples se pratiquent davantage et se copient plus fidèlement, mais de ce qu'en chaque pays les hommes s'écartant de plus en plus des idées et des sentiments particuliers à une caste, à une profession, à une famille, arrivent simultanément à ce qui tient de plus près à la constitution de l'homme, qui est partout la même. Ils deviennent ainsi semblables, quoiqu'ils ne se soient pas imités. Ils sont comme des voyageurs répandus dans une grande forêt dont tous les chemins aboutissent à un même point. Si tous aperçoivent à la fois le point central et dirigent de ce côté leurs pas, ils se rapprochent insensiblement les uns des autres, sans se chercher, sans s'apercevoir et sans se connaître, et ils seront enfin surpris en se voyant réunis dans le même lieu. Tous les peuples qui prennent pour objet de leurs études et de leur imitation, non tel homme, mais l'homme lui-même, finiront par se rencontrer dans les mêmes mœurs, comme ces voyageurs au rond-point.

CHAPITRE XVIII.

De l'honneur aux États-Unis et dans les sociétés démocratiques (1).

Il semble que les hommes se servent de deux méthodes fort distinctes dans le jugement public

---

(1) Le mot *honneur* n'est pas toujours pris dans le même sens en français.

1° Il signifie d'abord l'estime, la gloire, la considération qu'on obtient de ses semblables : c'est dans ce sens qu'on dit *conquérir de l'honneur;*

2° Honneur signifie encore l'ensemble des règles, à l'aide desquelles on obtient cette gloire, cette estime et cette considération. C'est ainsi qu'on dit *qu'un homme s'est toujours conformé strictement aux lois de l'honneur; qu'il a forfait à l'honneur.* En écrivant le présent chapitre, j'ai toujours pris le mot *honneur* dans ce dernier sens.

qu'ils portent des actions de leurs semblables : tantôt ils les jugent suivant les simples notions du juste et de l'injuste, qui sont répandues sur toute la terre; tantôt ils les apprécient à l'aide de notions très-particulières qui n'appartiennent qu'à un pays et à une époque. Souvent il arrive que ces deux règles diffèrent; quelquefois elles se combattent; mais jamais elles ne se confondent entièrement, ni ne se détruisent.

L'honneur, dans le temps de son plus grand pouvoir, régit la volonté plus que la croyance, et les hommes, alors même qu'ils se soumettent sans hésitation et sans murmure à ses commandements, sentent encore, par une sorte d'instinct obscur, mais puissant, qu'il existe une loi plus générale, plus ancienne et plus sainte, à laquelle ils désobéissent quelquefois sans cesser de la connaître. Il y a des actions qui ont été jugées à la fois honnêtes et déshonorantes. Le refus d'un duel a souvent été dans ce cas.

Je crois qu'on peut expliquer ces phénomènes autrement que par le caprice de certains individus et de certains peuples, ainsi qu'on l'a fait jusqu'ici.

Le genre humain éprouve des besoins permanents et généraux, qui ont fait naître des lois morales à l'inobservation desquelles tous les hommes ont naturellement attaché, en tous lieux et en tous temps, l'idée du blâme et de la honte. Ils ont appelé *faire mal* s'y soustraire, *faire bien* s'y soumettre.

Il s'établit de plus, dans le sein de la vaste association humaine, des associations plus restreintes, qu'on nomme des peuples, et, au milieu de ces derniers, d'autres plus petites encore, qu'on appelle des classes ou des castes.

Chacune de ces associations forme comme une espèce particulière dans le genre humain; et, bien qu'elle ne diffère point essentiellement de la masse des hommes, elle s'en tient quelque peu à part, et éprouve des besoins qui lui sont propres. Ce sont ces besoins spéciaux qui modifient en quelque façon et dans certains pays la manière d'envisager les actions humaines, et l'estime qu'il convient d'en faire.

L'intérêt général et permanent du genre humain est que les hommes ne se tuent point les uns les autres; mais il peut se faire que l'intérêt particulier et momentané d'un peuple ou d'une classe soit, dans certains cas, d'excuser et même d'honorer l'homicide.

L'honneur n'est autre chose que cette règle particulière fondée sur un état particulier, à l'aide de laquelle un peuple ou une classe distribue le blâme ou la louange.

Il n'y a rien de plus improductif pour l'esprit

humain qu'une idée abstraite. Je me hâte donc de courir vers les faits. Un exemple va mettre en lumière ma pensée.

Je choisirai l'espèce d'honneur le plus extraordinaire qui ait jamais paru dans le monde, et celui que nous connaissons le mieux : l'honneur aristocratique né au sein de la société féodale. Je l'expliquerai à l'aide de ce qui précède, et j'expliquerai ce qui précède par lui.

Je n'ai point à rechercher ici quand et comment l'aristocratie du moyen-âge était née, pourquoi elle s'était si profondément séparée du reste de la nation, ce qui avait fondé et affermi son pouvoir. Je la trouve debout, et je cherche à comprendre pourquoi elle considérait la plupart des actions humaines sous un jour si particulier.

Ce qui me frappe d'abord, c'est que, dans le monde féodal, les actions n'étaient point toujours louées ni blâmées en raison de leur valeur intrinsèque; mais qu'il arrivait quelquefois de les priser uniquement par rapport à celui qui en était l'auteur ou l'objet ; ce qui répugne à la conscience générale du genre humain. Certains actes étaient donc indifférents de la part d'un roturier, qui déshonoraient un noble; d'autres changeaient de caractère suivant que la personne qui en souffrait appartenait à l'aristocratie ou vivait hors d'elle.

Quand ces différentes opinions ont pris naissance, la noblesse formait un corps à part au milieu du peuple, qu'elle dominait des hauteurs inaccessibles où elle s'était retirée. Pour maintenir cette position particulière qui faisait sa force, elle n'avait pas seulement besoin de priviléges politiques : il lui fallait des vertus et des vices à son usage.

Que telle vertu ou tel vice appartînt à la noblesse plutôt qu'à la roture; que telle action fût indifférente quand elle avait un vilain pour objet, ou condamnable quand il s'agissait d'un noble, voilà ce qui était souvent arbitraire; mais qu'on attachât de l'honneur ou de la honte aux actions d'un homme suivant sa condition, c'est ce qui résultait de la constitution même d'une société aristocratique. Cela s'est vu, en effet, dans tous les pays qui ont eu une aristocratie. Tant qu'il en reste un seul vestige, ces singularités se retrouvent : débaucher une fille de couleur nuit à peine à la réputation d'un Américain; l'épouser le déshonore.

Dans certains cas, l'honneur féodal prescrivait la vengeance et flétrissait le pardon des injures; dans d'autres, il commandait impérieusement aux hommes de se vaincre, il ordonnait l'oubli de soi-même. Il ne faisait point une loi de l'humanité, ni de la douceur; mais il vantait la générosité; il prisait la libéralité plus que la bienfaisance, il permettait qu'on s'enrichît par le jeu, par la guerre, mais non par le travail; il préférait de grands crimes à de petits gains. La cupidité le révoltait moins que l'avarice, la violence lui agréait souvent, tandis que l'astuce et la trahison lui paraissaient toujours méprisables.

Ces notions bizarres n'étaient pas nées du caprice seul de ceux qui les avaient conçues.

Une classe qui est parvenue à se mettre à la tête et au-dessus de toutes les autres, et qui fait de constants efforts pour se maintenir à ce rang suprême, doit particulièrement honorer les vertus qui ont de la grandeur et de l'éclat et qui peuvent se combiner aisément avec l'orgueil et l'amour du pouvoir. Elle ne craint pas de déranger l'ordre naturel de la conscience, pour placer ces vertus-là avant toutes les autres. On conçoit même qu'elle élève volontiers certains vices audacieux et brillans, au-dessus des vertus paisibles et modestes. Elle y est en quelque sorte contrainte par sa condition.

En avant de toutes les vertus, et à la place d'un grand nombre d'entre elles, les nobles du moyen âge mettaient le courage militaire.

C'était encore là une opinion singulière qui naissait forcément de la singularité de l'état social.

L'aristocratie féodale était née par la guerre et pour la guerre; elle avait trouvé dans les armes son pouvoir et elle le maintenait par les armes; rien ne lui était donc plus nécessaire que le courage militaire; et il était naturel qu'elle le glorifiât par-dessus tout le reste. Tout ce qui le manifestait au dehors, fût-ce même aux dépens de la raison et de l'humanité, était donc approuvé et souvent commandé par elle. La fantaisie des hommes ne se retrouvait que dans le détail.

Qu'un homme regardât comme une injure énorme de recevoir un coup sur la joue et fût obligé de tuer dans un combat singulier celui qui l'avait ainsi légèrement frappé, voilà l'arbitraire; mais qu'un noble ne pût recevoir paisiblement une injure, et fût déshonoré s'il se laissait frapper sans combatre, ceci ressortait des principes même et des besoins d'une aristocratie militaire.

Il était donc vrai, jusqu'à un certain point, de dire que l'honneur avait des allures capricieuses; mais les caprices de l'honneur étaient toujours renfermés dans de certaines limites nécessaires. Cette règle particulière, appelée par nos pères l'honneur, est si loin de me paraître une loi arbitraire, que je m'engagerais sans peine à rattacher à un petit nombre de besoins fixes et invariables des sociétés féodales ses prescriptions les plus incohérentes et les plus bizarres.

Si je suivais l'honneur féodal dans le champ de la politique, je n'aurais pas plus de peine à y expliquer ses démarches.

L'état social et les institutions politiques du moyen-âge étaient tels que le pouvoir national n'y gouvernait jamais directement les citoyens. Celui-ci n'existait pour ainsi dire pas à leurs yeux; chacun ne connaissait qu'un certain homme auquel il était obligé d'obéir. C'est par celui-là que, sans le savoir, on tenait à tous les autres. Dans les sociétés féodales, tout l'ordre public roulait donc sur le sentiment de fidélité à la personne même du seigneur. Cela détruit, on tombait aussitôt dans l'anarchie.

La fidélité au chef politique était d'ailleurs un sentiment dont tous les membres de l'aristocratie apercevaient chaque jour le prix, car chacun d'eux était à la fois seigneur et vassal, et avait à commander aussi bien qu'à obéir.

Rester fidèle à son seigneur, se sacrifier pour lui au besoin, partager sa fortune bonne ou mauvaise, l'aider dans ses entreprises quelles qu'elles fussent, telles furent les premières prescriptions de l'honneur féodal en matière politique. La trahison du vassal fut condamnée par l'opinion, avec une rigueur extraordinaire. On créa un nom particulièrement infamant pour elle, on l'appela *félonie*.

On ne trouve au contraire, dans le moyen-âge, que peu de traces d'une passion qui a fait la vie des sociétés antiques. Je veux parler du patriotisme. Le nom même du patriotisme n'est point ancien dans notre idiome (1).

Les institutions féodales dérobaient la patrie aux regards; elles en rendaient l'amour moins nécessaire. Elles faisaient oublier la nation en passionnant pour un homme. Aussi, ne voit-on pas que l'honneur féodal ait jamais fait une loi étroite de rester fidèle à son pays.

Ce n'est pas que l'amour de la patrie n'existât point dans le cœur de nos pères; mais il n'y formait qu'une sorte d'instinct faible et obscur, qui est devenu plus clair et plus fort, à mesure qu'on a détruit les classes et centralisé le pouvoir.

Ceci se voit bien par les jugements contraires que portent les peuples d'Europe sur les différents faits de leur histoire, suivant la génération qui les juge. Ce qui déshonorait principalement le connétable de Bourbon aux yeux de ses contemporains, c'est qu'il portait les armes contre son roi; ce qui le déshonore le plus à nos yeux, c'est qu'il faisait la guerre à son pays. Nous le flétrissons autant que nos ayeux, mais par d'autres raisons.

J'ai choisi pour éclaircir ma pensée, l'honneur

(1) Le mot *patrie* lui-même ne se rencontre dans les auteurs français qu'à partir du seizième siècle.

féodal, parce que l'honneur féodal a des traits plus marqués et mieux connus qu'aucun autre; j'aurais pu prendre mon exemple ailleurs, je serais arrivé au même but par un autre chemin.

Quoique nous connaissions moins bien les Romains que nos ancêtres, nous savons cependant qu'il existait chez eux, en fait de gloire et de déshonneur, des opinions particulières qui ne découlaient pas seulement des notions générales du bien et du mal. Beaucoup d'actions humaines y étaient considérées sous un jour différent, suivant qu'il s'agisait d'un citoyen ou d'un étranger, d'un homme libre ou d'un esclave; on y glorifiait certains vices, on y avait élevé certaines vertus par-delà toutes les autres.

« Or, était en ce temps-là, dit Plutarque dans « la vie de Coriolan, la prouesse honorée et prisée « à Rome, par dessus toutes les autres vertus. De « quoi fait foi de ce que l'on la nommait *virtus*; du « nom même de la vertu, en attribuant le nom du « commun genre à une espèce particulière. Telle- « ment que vertu en latin était autant à dire « comme vaillance. » Qui ne reconnaît là le besoin particulier de cette association singulière qui s'était formée pour la conquête du monde ?

Chaque nation prêtera à des observations analogues; car, ainsi que je l'ai dit plus haut, toutes les fois que les hommes se rassemblent en société particulière, il s'établit aussitôt parmi eux un honneur, c'est-à-dire un ensemble d'opinions qui leur est propre sur ce qu'on doit louer ou blâmer; et ces règles particulières ont toujours leur source dans les habitudes spéciales et les intérêts spéciaux de l'association.

Cela s'applique dans une certaine mesure, aux sociétés démocratiques comme aux autres. Nous allons en retrouver la preuve chez les Américains (1).

On rencontre encore éparses parmi les opinions des Américains, quelques notions détachées de l'ancien honneur aristocratique de l'Europe. Ces opinions traditionnelles sont en très-petit nombre; elles ont peu de racine et peu de pouvoir. C'est une religion dont on laisse subsister quelques uns des temples, mais à laquelle on ne croit plus.

Au milieu de ces notions à demi effacées d'un honneur exotique, apparaissent quelques opinions nouvelles qui constituent ce qu'on pourrait appeler de nos jours, l'honneur américain.

J'ai montré comment les Américains étaient poussés incessamment vers le commerce et l'industrie. Leur origine, leur état social, les institutions politiques, le lieu même qu'ils habitent les

(1) Je parle ici des Américains qui habitent les pays où l'esclavage n'existe pas. Ce sont les seuls qui puissent présenter l'image complète d'une société démocratique.

entraîne irrésistiblement vers ce côté. Ils forment donc, quant à présent, une association presque exclusivement industrielle et commerçante, placée au sein d'un pays nouveau et immense qu'elle a pour principal objet d'exploiter. Tel est le trait caractéristique qui, de nos jours, distingue le plus particulièrement le peuple américain de tous les autres.

Toutes les vertus paisibles qui tendent à donner une allure régulière au corps social et à favoriser le négoce, doivent donc être spécialement honorées chez ce peuple; et l'on ne saurait les négliger, sans tomber dans le mépris public.

Toutes les vertus turbulentes qui jettent souvent de l'éclat, mais plus souvent encore du trouble dans la société, occupent au contraire dans l'opinion de ce même peuple un rang subalterne. On peut les négliger sans perdre l'estime de ses concitoyens, et on s'exposerait peut-être à la perdre en les acquérant.

Les Américains ne font pas un classement moins arbitraire parmi les vices.

Il y a certains penchants condamnables aux yeux de la raison générale, et de la conscience universelle du genre humain, qui se trouvent être d'accord avec les besoins particuliers et momentanés de l'association américaine; et elle ne les réprouve que faiblement, quelquefois elle les loue; je citerai particulièrement l'amour des richesses et les penchants secondaires qui s'y rattachent. Pour défricher, féconder, transformer ce vaste continent inhabité, qui est son domaine, il faut à l'Américain l'appui journalier d'une passion énergique; cette passion ne saurait être que l'amour des richesses; la passion des richesses n'est donc point flétrie en Amérique, et pourvu qu'elle ne dépasse pas les limites que l'ordre public lui assigne, on l'honore. L'Américain appelle noble et estimable ambition, ce que nos pères du moyen-âge nommaient cupidité servile; de même qu'il donne le nom de fureur aveugle et barbare à l'ardeur conquérante et à l'humeur guerrière qui les jetaient chaque jour dans de nouveaux combats.

Aux États-Unis, les fortunes se détruisent et se relèvent sans peine. Le pays est sans bornes et plein de ressources inépuisables. Le peuple a tous les besoins et tous les appétits d'un être qui croît, et quelques efforts qui fasse, il est toujours environné de plus de biens qu'il n'en peut saisir. Ce qui est à craindre chez un pareil peuple, ce n'est pas la ruine de quelques individus, bientôt réparée, c'est l'inactivité et la mollesse de tous. L'audace dans les entreprises industrielles, est la première cause de ses progrès rapides, de sa force, de sa grandeur. L'industrie est pour lui comme une vaste loterie où un petit nombre d'hommes perdent, chaque jour, mais où l'État gagne sans cesse; un semblable peuple doit donc voir avec faveur et honorer l'audace en matière d'industrie. Or, toute entreprise audacieuse compromet la fortune de celui qui s'y livre et la fortune de tous ceux qui se fient à lui. Les Américains, qui font de la témérité commerciale une sorte de vertu, ne sauraient, en aucun cas, flétrir les téméraires.

De là vient qu'on montre, aux États-Unis, une indulgence si singulière pour le commerçant qui fait faillite : l'honneur de celui-ci ne souffre point d'un pareil accident. En cela, les Américains diffèrent, non seulement des peuples européens, mais de toutes les nations commerçantes de nos jours; aussi ne ressemblent-ils, par leur position et leurs besoins, à aucune d'elles.

En Amérique, on traite avec une sévérité inconnue dans le reste du monde tous les vices qui sont de nature à altérer la pureté des mœurs et à détruire l'union conjugale. Cela contraste étrangement, au premier abord, avec la tolérance qu'on y montre sur d'autres points. On est surpris de rencontrer chez le même peuple une morale si relâchée et si austère.

Ces choses ne sont pas aussi incohérentes qu'on le suppose. L'opinion publique, aux États-Unis, ne réprime que mollement l'amour des richesses, qui sert à la grandeur industrielle et à la prospérité de la nation; et elle condamne particulièrement les mauvaises mœurs, qui distraient l'esprit humain de la recherche du bien-être, et troublent l'ordre intérieur de la famille, si nécessaire au succès des affaires. Pour être estimés de leurs semblables, les Américains sont donc contraints de se plier à des habitudes régulières. C'est en ce sens qu'on peut dire qu'ils mettent leur honneur à être chastes.

L'honneur américain s'accorde avec l'ancien honneur de l'Europe sur un point. Il met le courage à la tête des vertus, et en fait pour l'homme la plus grande des nécessités morales; mais il n'envisage pas le courage sous le même aspect.

Aux États-Unis, la valeur guerrière est peu prisée; le courage qu'on connaît le mieux et qu'on estime le plus, est celui qui fait braver les fureurs de l'océan pour arriver plus tôt au port, supporter sans se plaindre les misères du désert, et la solitude, plus cruelle que toutes les misères; le courage qui rend presque insensible au renversement subit d'une fortune péniblement acquise, et suggère aussitôt de nouveaux efforts pour en construire une nouvelle. Le courage de cette espèce est principalement nécessaire au maintien et à la prospérité de l'association américaine, et il est particulièrement honoré et glorifié par elle. On ne saurait s'en montrer privé, sans déshonneur.

Je trouve un dernier trait : il achèvera de mettre en relief l'idée de ce chapitre.

Dans une société démocratique, comme celle des États-Unis, où les fortunes sont petites et mal assurées, tout le monde travaille et le travail mène à tout. Cela a retourné le point d'honneur et l'a dirigé contre l'oisiveté.

J'ai rencontré quelquefois en Amérique des gens riches, jeunes, ennemis par tempérament de tout effort pénible, et qui étaient forcés de prendre une profession. Leur nature et leur fortune leur permettaient de rester oisifs ; l'opinion publique le leur défendait impérieusement, et il lui fallait obéir. J'ai souvent vu au contraire chez les nations européennes où l'aristocratie lutte encore contre le torrent qui l'entraîne, j'ai vu, dis-je, des hommes que leurs besoins et leurs désirs aiguillonnaient sans cesse demeurer dans l'oisiveté pour ne point perdre l'estime de leurs égaux, et se soumettre plus aisément à l'ennui et à la gêne qu'au travail.

Qui n'aperçoit dans ces deux obligations si contraires, deux règles différentes qui pourtant l'une et l'autre émanent de l'honneur.

Ce que nos pères ont appelé par excellence l'honneur, n'était, à vrai dire, qu'une de ses formes. Ils ont donné un nom générique à ce qui n'était qu'une espèce. L'honneur se retrouve donc dans les siècles démocratiques comme dans les temps d'aristocratie. Mais il ne sera pas difficile de montrer que dans ceux-là il présente une autre physionomie.

Non seulement ses prescriptions sont différentes, nous allons voir qu'elles sont moins nombreuses et moins claires et qu'on suit plus mollement ses lois.

Une caste est toujours dans une situation bien plus particulière qu'un peuple. Il n'y a rien de plus exceptionnel dans le monde qu'une petite société toujours composée des mêmes familles, comme l'aristocratie du moyen âge par exemple, et dont l'objet est de concentrer et de retenir exclusivement et héréditairement dans son sein, la lumière, la richesse et le pouvoir.

Or, plus la position d'une société est exceptionnelle, plus ses besoins spéciaux sont en grand nombre, et plus les notions de son honneur, qui correspondent à ses besoins, s'accroissent.

Les prescriptions de l'honneur seront donc toujours moins nombreuses chez un peuple qui n'est point partagé en castes, que chez un autre. S'il vient à s'établir des nations où il soit même difficile de retrouver des classes, l'honneur s'y bornera à un petit nombre de préceptes, et ces préceptes s'éloigneront de moins en moins des lois morales adoptées par le commun de l'humanité.

Ainsi, les prescriptions de l'honneur seront moins bizarres et moins nombreuses, chez une nation démocratique que dans une aristocratie.

Elles seront aussi plus obscures; cela résulte nécessairement de ce qui précède.

Les traits caractéristiques de l'honneur, étant en plus petit nombre, et moins singuliers, il doit souvent être difficile de les discerner.

Il y a d'autres raisons encore.

Chez les nations aristocratiques du moyen âge, les générations se succédaient en vain les unes aux autres; chaque famille y était comme un homme immortel, et perpétuellement immobile; les idées n'y variaient guère plus que les conditions.

Chaque homme y avait donc toujours devant les yeux les mêmes objets, qu'il envisageait du même point de vue; son œil pénétrait peu à peu dans les moindres détails, et sa perception ne pouvait manquer, à la longue, de devenir claire et distincte. Ainsi non seulement les hommes des temps féodaux avaient des opinions fort extraordinaires qui constituaient leur honneur; mais chacune de ces opinions se peignait dans leur esprit sous une forme nette et précise.

Il ne saurait jamais en être de même dans un pays comme l'Amérique, où tous les citoyens remuent; où la société, se modifiant elle-même tous les jours, change ses opinions avec ses besoins.

Dans un pareil pays, on entrevoit la règle de l'honneur ; on a rarement le loisir de la considérer fixement.

La société fût-elle immobile, il serait encore difficile d'y arrêter le sens qu'on doit donner au mot honneur.

Au moyen âge, chaque classe ayant son honneur, la même opinion n'était jamais admise à la fois par un très grand nombre d'hommes ; ce qui permettait de lui donner une forme arrêtée et précise ; d'autant plus que tous ceux qui l'admettaient, ayant tous une position parfaitement identique et fort exceptionnelle, trouvaient une disposition naturelle à s'entendre sur les prescriptions d'une loi qui n'était faite que pour eux seuls.

L'honneur devenait ainsi un code complet et détaillé, où tout était prévu et ordonné à l'avance, et qui présentait une règle fixe et toujours visible aux actions humaines. Chez une nation démocratique comme le peuple américain, où les rangs sont confondus, et où la société entière ne forme qu'une masse unique, dont tous les éléments sont analogues, sans être entièrement semblables, on ne saurait jamais s'entendre à l'avance exactement sur ce qui est permis et défendu par l'honneur.

Il existe bien, au sein de ce peuple, de certains besoins nationaux qui font naître des opinions communes, en matière d'honneur; mais de semblables opinions ne se présentent jamais en même temps, de la même manière, et avec une égale force à l'esprit de tous les citoyens; la loi de l'honneur existe, mais elle manque souvent d'interprètes.

La confusion est bien plus grande encore dans un pays démocratique comme le nôtre où les différentes classes qui composaient l'ancienne société, venant à se mêler sans avoir pu encore se confondre, importent, chaque jour, dans le sein les unes des autres, les notions diverses et souvent contraires de leur honneur; où chaque homme, suivant ses caprices, abandonne une partie des opinions de ses pères et retient l'autre; de telle sorte, qu'au milieu de tant de mesures arbitraires, il ne saurait jamais s'établir une commune règle. Il est presque impossible alors de dire à l'avance quelles actions seront honorées, ou flétries. Ce sont des temps misérables; mais ils ne durent point.

Chez les nations démocratiques, l'honneur étant mal défini, est nécessairement moins puissant; car il est difficile d'appliquer avec certitude et fermeté une loi qui est imparfaitement connue. L'opinion publique, qui est l'interprète naturel et souverain de la loi de l'honneur, ne voyant pas distinctement de quel côté il convient de faire pencher le blâme ou la louange, ne prononce qu'en hésitant son arrêt. Quelquefois il lui arrive de se contredire; souvent elle se tient immobile, et laisse faire.

La faiblesse relative de l'honneur dans les démocraties tient encore à plusieurs autres causes.

Dans les pays aristocratiques, le même honneur n'est jamais admis que par un certain nombre d'hommes, souvent restreint et toujours séparé du reste de leurs semblables. L'honneur se mêle donc aisément et se confond, dans l'esprit de ceux-là, avec l'idée de tout ce qui les distingue. Il leur apparaît comme le trait distinctif de leur physionomie; ils en appliquent les différentes règles avec toute l'ardeur de l'intérêt personnel, et ils mettent, si je puis m'exprimer ainsi, de la passion à lui obéir.

Cette vérité se manifeste bien clairement quand on lit les coutumiers du moyen-âge, à l'article des duels judiciaires. On y voit que les nobles étaient tenus, dans leurs querelles, de se servir de la lance et de l'épée, tandis que les vilains usaient entre eux du bâton, « attendu, ajoutent les coutumes, *que les vilains n'ont pas d'honneur.* » Cela ne voulait pas dire, ainsi qu'on se l'imagine de nos jours, que ces hommes fussent méprisables; cela signifiait seulement que leurs actions n'étaient pas jugées d'après les mêmes règles que celles de l'aristocratie.

Ce qui étonne, au premier abord, c'est que quand l'honneur règne avec cette pleine puissance, ses prescriptions sont en général fort étranges; de telle sorte qu'on semble lui mieux obéir à mesure qu'il paraît s'écarter davantage de la raison; d'où il est quelquefois arrivé de conclure que l'honneur était fort, à cause même de son extravagance.

Ces deux choses ont, en effet, la même origine; mais elles ne découlent pas l'une de l'autre.

L'honneur est bizarre en proportion de ce qu'il représente des besoins plus particuliers et ressentis par un plus petit nombre d'hommes; et c'est parce qu'il représente des besoins de cette espèce qu'il est puissant. L'honneur n'est donc pas puissant parce qu'il est bizarre; mais il est bizarre et puissant par la même cause.

Je ferai une autre remarque.

Chez les peuples aristocratiques, tous les rangs diffèrent, mais tous les rangs sont fixes; chacun occupe dans sa sphère un lieu dont il ne peut sortir, et où il vit au milieu d'autres hommes attachés autour de lui de la même manière. Chez ces nations, nul ne peut donc espérer ou craindre de n'être pas vu; il ne se rencontre pas d'homme si bas placé qui n'ait son théâtre, et qui doive échapper, par son obscurité, au blâme ou à la louange.

Dans les États démocratiques, au contraire, où tous les citoyens sont confondus dans la même foule et s'y agitent sans cesse, l'opinion publique n'a point de prise ; son objet disparaît à chaque instant, et lui échappe. L'honneur y sera donc toujours moins impérieux et moins pressant ; car l'honneur n'agit qu'en vue du public, différent en cela de la simple vertu, qui vit sur elle-même et se satisfait de son témoignage.

Si le lecteur a bien saisi tout ce qui précède, il a dû comprendre qu'il existe, entre l'inégalité des conditions et ce que nous avons appelé l'honneur, un rapport étroit et nécessaire qui, si je ne me trompe, n'avait point été encore clairement indiqué. Je dois donc faire un dernier effort pour le bien mettre en lumière.

Une nation se place à part dans le genre humain. Indépendamment de certains besoins généraux inhérents à l'espèce humaine, elle a ses intérêts et ses besoins particuliers. Il s'établit aussitôt dans son sein, en matière de blâme et de louange, de certaines opinions qui lui sont propres et que ses citoyens appellent l'honneur.

Dans le sein de cette même nation, il vient à s'établir une caste qui, se séparant à son tour de toutes les autres classes, contracte des besoins particuliers, et ceux-ci, à leur tour, font naître des opinions spéciales. L'honneur de cette caste, composé bizarre des notions particulières de la nation, et des notions plus particulières encore de la caste, s'éloignera, autant qu'on puisse l'imaginer, des simples et générales opinions des hommes. Nous avons atteint le point extrême, redescendons.

Les rangs se mêlent, les priviléges sont abolis. Les hommes qui composent la nation étant redevenus semblables et égaux, leurs intérêts et leurs besoins se confondent, et l'on voit s'évanouir successivement toutes les notions singulières que chaque caste appelait l'honneur; l'honneur ne découle plus que des besoins particuliers de la nation elle-même; il représente son individualité parmi les peuples.

S'il était permis enfin de supposer que toutes les races se confondissent, et que tous les peuples du monde en vinssent à ce point d'avoir les mêmes intérêts, les mêmes besoins, et de ne plus se distinguer les uns des autres par aucun trait caractéristique, on cesserait entièrement d'attribuer une valeur conventionnelle aux actions humaines; tous les envisageraient sous le même jour; les besoins généraux de l'humanité, que la conscience révèle à chaque homme, seraient la commune mesure. Alors, on ne rencontrerait plus dans ce monde que les simples et générales notions du bien et du mal, auxquelles s'attacheraient, par un lien naturel et nécessaire, les idées de louange ou de blâme.

Ainsi, pour renfermer enfin dans une seule formule toute ma pensée, ce sont les dissemblances et les inégalités des hommes qui ont créé l'honneur; il s'affaiblit à mesure que ces différences s'effacent, et il disparaîtrait avec elles.

CHAPITRE XIX.

Pourquoi on trouve aux États-Unis tant d'ambitieux et si peu de grandes ambitions.

La première chose qui frappe aux États-Unis, c'est la multitude innombrable de ceux qui cherchent à sortir de leur condition originaire; et la seconde, c'est le petit nombre de grandes ambitions qui se font remarquer au milieu de ce mouvement universel de l'ambition. Il n'y a pas d'Américains qui ne se montrent dévorés du désir de s'élever; mais on n'en voit presque point qui paraissent nourrir de très-vastes espérances, ni tendre fort haut. Tous veulent acquérir sans cesse des biens, de la réputation, du pouvoir; peu envisagent en grand toutes ces choses. Et cela surprend au premier abord. Puisqu'on n'aperçoit rien, ni dans les mœurs, ni dans les lois de l'Amérique, qui doive y borner les désirs, et les empêcher de prendre de tous côtés leur essor.

Il semble difficile d'attribuer à l'égalité des conditions ce singulier état de choses ; car au moment où cette même égalité s'est établie parmi nous, elle y a fait éclore aussitôt des ambitions presque sans limites. Je crois cependant que c'est principalement dans l'état social et les mœurs démocratiques des Américains qu'on doit chercher la cause de ce qui précède.

Toute révolution grandit l'ambition des hommes. Cela est surtout vrai de la révolution qui renverse une aristocratie.

Les anciennes barrières qui séparaient la foule de la renommée et du pouvoir, venant à s'abaisser tout à coup, il se fait un mouvement d'ascension impétueux et universel vers ces grandeurs longtemps enviées, et dont la jouissance est enfin permise. Dans cette première exaltation du triomphe, rien ne semble impossible à personne. Non-seulement les désirs n'ont pas de bornes, mais le pouvoir de les satisfaire n'en a presque point. Au milieu de ce renouvellement général et soudain des coutumes et des lois, dans cette vaste confusion de tous les hommes et de toutes les règles, les citoyens s'élèvent et tombent avec une rapidité inouie, et la puissance passe si vite de mains en mains, que nul ne doit désespérer de la saisir à son tour.

Il faut bien se souvenir d'ailleurs que les gens qui détruisent une aristocratie ont vécu sous ses lois ; ils ont vu ses splendeurs, et ils se sont laissé pénétrer, sans le savoir, par les sentiments et les idées qu'elle avait conçus. Au moment donc où une aristocratie se dissout, son esprit flotte encore sur la masse, et l'on conserve ses instincts, long-temps après qu'on l'a vaincue.

Les ambitions se montrent donc toujours fort grandes, tant que dure la révolution démocratique ; il en sera de même quelque temps encore après qu'elle est finie.

Le souvenir des événements extraordinaires dont ils ont été témoins ne s'efface point en un jour de la mémoire des hommes. Les passions que la révolution avait suggérées ne disparaissent point avec elle. Le sentiment de l'instabilité se perpétue au milieu de l'ordre. L'idée de la facilité du succès survit aux étranges vicissitudes qui l'avaient fait naître. Les désirs demeurent très-vastes alors que les moyens de les satisfaire diminuent chaque jour. Le goût des grandes fortunes subsiste, bien que les grandes fortunes deviennent rares, et l'on voit s'allumer de toutes parts des ambitions disproportionnées et malheureuses, qui brûlent en secret et sans fruit le cœur qui les contient.

Peu à peu cependant les dernières traces de la lutte s'effacent; les restes de l'aristocratie achèvent de disparaître. On oublie les grands événements qui ont accompagné sa chute; le repos succède à la guerre, l'empire de la règle renaît au sein du monde nouveau; les désirs s'y proportionnent aux moyens; les besoins, les idées et les sentiments s'enchaînent; les hommes achèvent de se niveler; la société démocratique est enfin assise.

Si nous considérons un peuple démocratique parvenu à cet état permanent et normal, il nous présentera un spectacle tout différent de celui que nous venons de contempler, et nous pourrons juger sans peine que, si l'ambition devient grande tandis que les conditions s'égalisent, elle perd ce caractère quand elles sont égales.

Comme les grandes fortunes sont partagées, et que la science s'est répandue, nul n'est absolument privé de lumières ni de biens; les priviléges et les incapacités de classes étant abolies, et les hommes ayant brisé pour jamais les liens qui les tenaient immobiles, l'idée du progrès s'offre à l'esprit de chacun d'eux; l'envie de s'élever naît à la fois dans tous les cœurs; chaque homme veut sortir de sa place. L'ambition est le sentiment universel.

Mais si l'égalité des conditions donne à tous les citoyens quelques ressources, elle empêche qu'aucun d'entre eux n'ait des ressources très-étendues; ce qui renferme nécessairement les désirs dans des limites assez étroites. Chez les peuples démocratiques, l'ambition est donc ardente et continue, mais elle ne saurait viser habituellement très-haut; et la vie s'y passe d'ordinaire à convoiter avec ardeur de petits objets qu'on voit à sa portée.

Ce qui détourne surtout les hommes des démocraties de la grande ambition, ce n'est pas la petitesse de leur fortune, mais le violent effort qu'ils font tous les jours pour l'améliorer. Ils contraignent leur âme à employer toutes ses forces pour faire des choses médiocres : ce qui ne peut manquer de borner bientôt sa vue, et de circonscrire son pouvoir. Ils pourraient être beaucoup plus pauvres et rester plus grands.

Le petit nombre d'opulents citoyens qui se trouvent au sein d'une démocratie ne fait point exception à cette règle. Un homme qui s'élève par degrés vers la richesse et le pouvoir, contracte, dans ce long travail, des habitudes de prudence et de retenue dont il ne peut ensuite se départir. On n'élargit pas graduellement son âme comme sa maison.

Une remarque analogue est applicable aux fils de ce même homme. Ceux-ci sont nés, il est vrai, dans une position élevée; mais leurs parents ont été humbles; ils ont grandi au milieu de sentiments et d'idées auxquels, plus tard, il leur est difficile de se soustraire; et il est à croire qu'ils hériteront en même temps des instincts de leur père et de ses biens.

Il peut arriver, au contraire, que le plus pauvre rejeton d'une aristocratie puissante fasse voir une ambition vaste, parce que les opinions traditionnelles de sa race et l'esprit général de sa caste le soutiennent encore quelque temps au-dessus de sa fortune.

Ce qui empêche aussi que les hommes des temps démocratiques ne se livrent aisément à l'ambition des grandes choses, c'est le temps qu'ils prévoient devoir s'écouler avant qu'ils ne soient en état de les entreprendre. « C'est un grand avantage que la qua- « lité, a dit Pascal, qui, dès dix-huit ou vingt ans, « met un homme en passe, comme un autre pour- « rait l'être à cinquante; ce sont trente ans de « gagnés sans peine. » Ces trente ans-là manquent d'ordinaire aux ambitieux des démocraties. L'égalité, qui laisse à chacun la faculté d'arriver à tout, empêche qu'on ne grandisse vite.

Dans une société démocratique, comme ailleurs, il n'y a qu'un certain nombre de grandes fortunes à faire; et les carrières qui y mènent étant ouvertes indistinctement à chaque citoyen, il faut bien que les progrès de tous se ralentissent. Comme les candidats paraissent à peu près pareils, et qu'il est difficile de faire entre eux un choix sans violer le principe de l'égalité, qui est la loi suprême des sociétés démocratiques, la première idée qui se présente est de les faire tous marcher du même pas, et de les soumettre tous aux mêmes épreuves.

A mesure donc que les hommes deviennent plus semblables, et que le principe de l'égalité pénètre plus paisiblement et plus profondément dans les institutions et dans les mœurs, les règles de l'avancement deviennent plus inflexibles; l'avancement, plus lent; la difficulté de parvenir vite à un certain degré de grandeur s'accroît.

Par haine du privilége et par embarras du choix, on en vient à contraindre tous les hommes, quelle que soit leur taille, à passer au travers d'une même filière; et on les soumet tous indistinctement à une multitude de petits exercices préliminaires, au milieu desquels leur jeunesse se perd, et leur imagination s'éteint; de telle sorte qu'ils désespèrent de pouvoir jamais jouir pleinement des biens qu'on leur offre; et quand ils arrivent enfin à pouvoir faire des choses extraordinaires, ils en ont perdu le goût.

A la Chine, où l'égalité des conditions est très-grande et très-ancienne, un homme ne passe d'une fonction publique à une autre, qu'après s'être soumis à un concours. Cette épreuve se rencontre à chaque pas de sa carrière, et l'idée en est si bien entrée dans les mœurs, que je me souviens d'avoir lu un roman chinois où le héros, après beaucoup de vicissitudes, touche enfin le cœur de sa maîtresse en passant un bon examen. De grandes ambitions respirent mal à l'aise dans une semblable atmosphère.

Ce que je dis de la politique s'étend à toutes choses ; l'égalité produit partout les mêmes effets ; là où la loi ne se charge pas de régler et de retarder le mouvement des hommes, la concurrence y suffit.

Dans une société démocratique bien assise, les grandes et rapides élévations sont donc rares ; elles forment des exceptions à la commune règle. C'est leur singularité qui fait oublier leur petit nombre.

Les hommes des démocraties finissent par entrevoir toutes ces choses ; ils s'aperçoivent à la longue que le législateur ouvre devant eux un champ sans limites, dans lequel tous peuvent aisément faire quelques pas, mais que nul ne peut se flatter de parcourir vite. Entre eux et le vaste et final objet de leurs désirs, ils voient une multitude de petites barrières intermédiaires, qu'il leur faut franchir avec lenteur ; cette vue fatigue d'avance leur ambition et la rebute. Ils renoncent donc à ces lointaines et douteuses espérances, pour chercher près d'eux des jouissances moins hautes et plus faciles. La loi ne borne pas leur horizon, mais ils le resserrent eux-mêmes.

J'ai dit que les grandes ambitions étaient plus rares dans les siècles démocratiques que dans les temps d'aristocratie; j'ajoute que, quand, malgré ces obstacles naturels, elles viennent à naître, elles ont une autre physionomie.

Dans les aristocraties, la carrière de l'ambition est souvent étendue; mais ses bornes sont fixes. Dans les pays démocratiques, elle s'agite d'ordinaire dans un champ étroit; mais vient-elle à en sortir, on dirait qu'il n'y a plus rien qui la limite. Comme les hommes y sont faibles, isolés et mouvants; que les précédents y ont peu d'empire, et les lois peu de durée, la résistance aux nouveautés y est molle, et le corps social n'y paraît jamais fort droit, ni bien ferme dans son assiette. De sorte que, quand les ambitieux ont une fois la puissance en main, ils croient pouvoir tout oser; et, quand elle leur échappe, ils songent aussitôt à bouleverser l'état pour la reprendre. Cela donne à la grande ambition politique un caractère violent et révolutionnaire, qu'il est rare de lui voir, au même degré, dans les sociétés aristocratiques.

Une multitude de petites ambitions fort sensées, du milieu desquelles s'élancent de loin en loin quelques grands désirs mal réglés : tel est d'ordinaire le tableau que présentent les nations démocratiques. Une ambition proportionnée, modérée et vaste, ne s'y rencontre guère.

J'ai montré ailleurs par quelle force secrète l'égalité faisait prédominer, dans le cœur humain, la passion des jouissances matérielles, et l'amour exclusif du présent ; ces différents instincts se mêlent au sentiment de l'ambition, et le teignent, pour ainsi dire, de leurs couleurs.

Je pense que les ambitieux des démocraties se préoccupent moins que tous les autres des intérêts et des jugements de l'avenir : le moment actuel les occupe seul et les absorbe. Ils achèvent rapidement beaucoup d'entreprises, plutôt qu'ils n'élèvent quelques monuments très-durables ; ils aiment le succès bien plus que la gloire. Ce qu'ils demandent surtout des hommes, c'est l'obéissance. Ce qu'ils veulent avant tout, c'est l'empire. Leurs mœurs sont presque toujours restées moins hautes que leur condition ; ce qui fait qu'ils transportent très-souvent dans une fortune extraordinaire des goûts très-vulgaires, et qu'ils semblent ne s'être élevés au souverain pouvoir que pour se procurer plus aisément de petits et grossiers plaisirs.

Je crois que de nos jours il est fort nécessaire d'épurer, de régler et de proportionner le sentiment de l'ambition; mais qu'il serait très-dangereux de vouloir l'appauvrir, et le comprimer outre mesure. Il faut tâcher de lui poser d'avance des bornes extrêmes, qu'on ne lui permettra jamais de franchir; mais on doit se garder de trop gêner son essor dans l'intérieur des limites permises.

J'avoue que je redoute bien moins pour les sociétés démocratiques, l'audace que la médiocrité des désirs; ce qui me semble le plus à craindre, c'est que, au milieu des petites occupations incessantes de la vie privée, l'ambition ne perde son élan et sa grandeur; que les passions humaines ne s'y apaisent, et ne s'y abaissent en même temps; de sorte que chaque jour l'allure du corps social devienne plus tranquille et moins haute.

Je pense donc que les chefs de ces sociétés nouvelles auraient tort de vouloir y endormir les citoyens dans un bonheur trop uni et trop paisible, et qu'il est bon qu'il leur donne quelquefois de difficiles et de périlleuses affaires, afin d'y élever l'ambition, et de lui ouvrir un théâtre.

Les moralistes se plaignent sans cesse que le vice favori de notre époque, est l'orgueil.

Cela est vrai dans un certain sens; il n'y a personne, en effet, qui ne croie valoir mieux que son voisin, et qui consente à obéir à son supérieur; mais cela est très-faux dans un autre : car ce même homme, qui ne peut supporter ni la subordination ni l'égalité, se méprise néanmoins lui-même à ce point qu'il ne se croit fait que pour goûter des plaisirs vulgaires. Il s'arrête volontiers dans de médiocres désirs, sans oser aborder les hautes entreprises : il les imagine à peine.

Loin donc de croire qu'il faille recommander à nos contemporains l'humilité, je voudrais qu'on s'efforçât de leur donner une idée plus vaste d'eux-mêmes et de leur espèce ; l'humilité ne leur est point saine ; ce qui leur manque le plus, à mon avis, c'est de l'orgueil. Je céderais volontiers plusieurs de nos petites vertus pour ce vice.

CHAPITRE XX.

De l'industrie des places chez certaines nations démocratiques.

Aux États-Unis, dès qu'un citoyen a quelques lumières et quelques ressources, il cherche à s'enrichir dans le commerce et l'industrie, ou bien il achète un champ couvert de forêts et se fait pionnier. Tout ce qu'il demande à l'État, c'est de ne point venir le troubler dans ses labeurs et d'en assurer le fruit.

Chez la plupart des peuples européens, lorsqu'un homme commence à sentir ses forces et à étendre ses désirs, la première idée qui se présente à lui est d'obtenir un emploi public. Ces différents effets, sortis d'une même cause, méritent que nous nous arrêtions un moment ici pour les considérer.

Lorsque les fonctions publiques sont en petit nombre, mal rétribuées, instables, et que, d'autre part, les carrières industrielles sont nombreuses et productives, c'est vers l'industrie et non vers l'administration que se dirigent de toutes parts les nouveaux et impatients désirs que fait naître chaque jour l'égalité.

Mais si, dans le même temps que les rangs s'égalisent, les lumières restent incomplètes ou les esprits timides, ou que le commerce et l'industrie, gênés dans leur essor, n'offrent que des moyens difficiles et lents de faire fortune, les citoyens, désespérant d'améliorer par eux-mêmes leur sort, accourent tumultueusement vers le chef de l'État et demandent son aide. Se mettre plus à l'aise aux dépens du trésor public leur paraît être, sinon la seule voie qu'ils aient, du moins la voie la plus aisée et la mieux ouverte à tous pour sortir d'une condition qui ne leur suffit plus: la recherche des places devient la plus suivie de toutes les industries.

Il en doit être ainsi, surtout dans les grandes monarchies centralisées, où le nombre des fonctions rétribuées est immense et l'existence des fonctionnaires assez assurée; de telle sorte que personne ne désespère d'y obtenir un emploi et d'en jouir paisiblement comme d'un patrimoine.

Je ne dirai point que ce désir universel et immodéré des fonctions publiques est un grand mal social; qu'il détruit, chez chaque citoyen, l'esprit d'indépendance, et répand dans tout le corps de la nation une humeur vénale et servile; qu'il y étouffe les vertus viriles; je ne ferai point observer non plus qu'une industrie de cette espèce ne crée qu'une activité improductive et agite le pays sans le féconder : tout cela se comprend aisément.

Mais je veux remarquer que le gouvernement qui favorise une semblable tendance risque sa tranquillité et met sa vie même en grand péril.

Je sais que dans un temps comme le nôtre, où l'on voit s'éteindre graduellement l'amour et le respect qui s'attachaient jadis au pouvoir, il peut paraître nécessaire aux gouvernants d'enchaîner plus étroitement, par son intérêt, chaque homme, et qu'il leur semble commode de se servir de ses passions mêmes pour le tenir dans l'ordre et dans le silence; mais il n'en saurait être ainsi longtemps, et ce qui peut paraître durant une certaine période une cause de force, devient assurément à la longue un grand sujet de trouble et de faiblesse.

Chez les peuples démocratiques comme chez tous les autres, le nombre des emplois publics finit par avoir des bornes; mais, chez ces mêmes peuples, le nombre des ambitieux n'en a point; il s'accroît sans cesse, par un mouvement graduel et irrésistible, à mesure que les conditions s'égalisent; il ne se borne que quand les hommes manquent.

Lors donc que l'ambition n'a d'issue que vers l'administration seule, le gouvernement finit nécessairement par rencontrer une opposition permanente; car sa tâche est de satisfaire avec des moyens limités des désirs qui se multiplient sans limites. Il faut se bien convaincre que, de tous les peuples du monde, le plus difficile à contenir et à diriger, c'est un peuple de solliciteurs. Quelques efforts que fassent ses chefs, ils ne sauraient jamais le satisfaire, et l'on doit toujours appréhender qu'il ne renverse enfin la constitution du pays et ne change la face de l'État, par le seul besoin de faire vaquer des places.

Les princes de notre temps, qui s'efforcent d'attirer vers eux seuls tous les nouveaux désirs que l'égalité suscite, et de les contenter, finiront donc, si je ne me trompe, par se repentir de s'être engagés dans une semblable entreprise; ils découvriront un jour qu'ils ont hasardé leur pouvoir en le rendant si nécessaire, et qu'il eût été plus honnête et plus sûr d'enseigner à chacun de leurs sujets l'art de se suffire à lui-même.

CHAPITRE XXI.

Pourquoi les grandes révolutions deviendront rares.

Un peuple qui a vécu pendant des siècles sous le régime des castes et des classes ne parvient à un état social démocratique qu'à travers une longue suite de transformations plus ou moins pénibles, à l'aide de violents efforts, et après de nombreuses vicissitudes, durant lesquelles les biens, les opinions et le pouvoir changent rapidement de place.

Alors même que cette grande révolution est terminée, l'on voit encore subsister pendant longtemps les habitudes révolutionnaires créées par elles, et de profondes agitations lui succèdent.

Comme tout ceci se passe au moment où les conditions s'égalisent, on en conclut qu'il existe un rapport caché et un lien secret entre l'égalité même et les révolutions, de telle sorte que l'une ne saurait exister sans que les autres ne naissent.

Sur ce point, le raisonnement semble d'accord avec l'expérience.

Chez un peuple où les rangs sont à peu près égaux, aucun lien apparent ne réunit les hommes et ne les tient fermes à leur place. Nul d'entre eux n'a le droit permanent, ni le pouvoir de commander, et nul n'a pour condition d'obéir ; mais chacun, se trouvant pourvu de quelques lumières et de quelques ressources, peut choisir sa voie, et marcher à part de tous ses semblables.

Les mêmes causes qui rendent les citoyens indépendants les uns des autres, les poussent chaque jour vers de nouveaux et inquiets désirs, et les aiguillonnent sans cesse.

Il semble donc naturel de croire que, dans une société démocratique, les idées, les choses et les hommes doivent éternellement changer de formes et de places et que les siècles démocratiques seront des temps de transformations rapides et incessantes.

Cela est-il en effet ? l'égalité des conditions porte-t-elle les hommes d'une manière habituelle et permanente vers les révolutions? contient-elle quelque principe perturbateur qui empêche la société de s'asseoir et dispose les citoyens à renouveler sans cesse leurs lois, leurs doctrines et leurs mœurs? Je ne le crois point. Le sujet est important; je prie le lecteur de me bien suivre.

Presque toutes les révolutions qui ont changé la face des peuples ont été faites pour consacrer ou pour détruire l'inégalité. Écartez les causes secondaires qui ont produit les grandes agitations des hommes, vous en arriverez presque toujours à l'inégalité. Ce sont les pauvres qui ont voulu ravir les biens des riches, ou les riches qui ont essayé d'enchaîner les pauvres. Si donc vous pouvez fonder un état de société où chacun ait quelque chose à garder, et peu à prendre, vous aurez beaucoup fait pour la paix du monde.

Je n'ignore pas que, chez un grand peuple démocratique, il se rencontre toujours des citoyens très pauvres, et des citoyens très riches; mais les pauvres, au lieu d'y former l'immense majorité de la nation comme cela arrive toujours dans les sociétés aristocratiques, sont en petit nombre, et la loi ne les a pas attachés les uns aux autres par les liens d'une misère irrémédiable et héréditaire.

Les riches, de leur côté, sont clairsemés et impuissants; ils n'ont point de priviléges qui attirent les regards; leur richesse même n'étant plus incorporée à la terre, et représentée par elle, est insaisissable et comme invisible. De même qu'il n'y a plus de races de pauvres, il n'y a plus de races de riches; ceux-ci sortent chaque jour du sein de la foule, et y retournent sans cesse. Ils ne forment donc point une classe à part, qu'on puisse aisément définir et dépouiller; et, tenant d'ailleurs par mille fils secrets à la masse de leurs concitoyens, le peuple ne saurait guère les frapper sans s'atteindre lui-même. Entre ces deux extrémités des sociétés démocratiques, se trouve une multitude innombrable d'hommes presque pareils, qui, sans être précisément ni riches ni pauvres, possèdent assez de biens pour désirer l'ordre, et n'en ont pas assez pour exciter l'envie.

Ceux-là sont naturellement ennemis des mouvements violents ; leur immobilité maintient en repos tout ce qui se trouve au-dessus et au-dessous d'eux, et assure le corps social dans son assiette.

Ce n'est pas que ceux-là mêmes soient satisfaits de leur fortune présente, ni qu'ils ressentent de l'horreur naturelle pour une révolution dont ils partageraient les dépouilles sans en éprouver les maux ; ils désirent au contraire, avec une ardeur sans égale, de s'enrichir ; mais l'embarras est de savoir sur qui prendre. Le même état social qui leur suggère sans cesse des désirs, renferme ces désirs dans des limites nécessaires. Il donne aux hommes plus de liberté de changer et moins d'intérêt au changement.

Non-seulement les hommes des démocraties ne désirent pas naturellement les révolutions, mais ils les craignent.

Il n'y a pas de révolution qui ne menace plus ou moins la propriété acquise. La plupart de ceux qui habitent les pays démocratiques sont propriétaires; ils n'ont pas seulement des propriétés, ils vivent dans la condition où les hommes attachent à leur propriété le plus de prix.

Si l'on considère attentivement chacune des classes dont la société se compose, il est facile de voir qu'il n'y en a point chez lesquelles les passions que la propriété fait naître soient plus âpres et plus tenaces que chez les classes moyennes.

Souvent les pauvres ne se soucient guère de ce qu'ils possèdent, parce qu'ils souffrent beaucoup plus de ce qui leur manque qu'ils ne jouissent du peu qu'ils ont. Les riches ont beaucoup d'autres pasions à satisfaire que celle des richesses, et d'ailleurs le long et pénible usage d'une grande fortune finit quelquefois par les rendre comme insensibles à ses douceurs.

Mais les hommes qui vivent dans une aisance également éloignée de l'opulence et de la misère mettent à leurs biens un prix immense. Comme ils sont encore fort voisins de la pauvreté, ils voient de près ses rigueurs, et ils les redoutent; entre elle et eux il n'y a rien qu'un petit patrimoine sur lequel ils fixent aussitôt leurs craintes et leurs espérances. A chaque instant ils s'y intéressent davantage par les soucis constants qu'il leur donne, et ils s'y attachent par les efforts journaliers qu'ils font pour l'augmenter. L'idée d'en céder la moindre partie leur est insupportable, et ils considèrent sa perte entière comme le dernier des malheurs. Or, c'est le nombre de ces petits propriétaires ardents et inquiets que l'égalité des conditions accroît sans cesse.

Ainsi, dans les sociétés démocratiques, la majorité des citoyens ne voit pas clairement ce qu'elle pourrait gagner à une révolution, et elle sent à chaque instant, et de mille manières, ce qu'elle pourrait y perdre.

J'ai dit, dans un autre endroit de cet ouvrage, comment l'égalité des conditions poussait naturellement les hommes vers les carrières industrielles et commerçantes, et comment elle accroissait et diversifiait la propriété foncière; j'ai fait voir enfin comment elle inspirait à chaque homme un désir ardent et constant d'augmenter son bien-être. Il n'y a rien de plus contraire aux passions révolutionnaires que toutes ces choses.

Il peut se faire que par son résultat final une révolution serve l'industrie et le commerce ; mais son premier effet sera presque toujours de ruiner les industriels et les commerçants, parce qu'elle ne peut manquer de changer tout d'abord l'état général de la consommation, et de renverser momentanément la proportion qui existait entre la reproduction et les besoins.

Je ne sache rien d'ailleurs de plus opposé aux mœurs révolutionnaires que les mœurs commerciales. Le commerce est naturellement ennemi de toutes les passions violentes. Il aime les tempéraments, se plaît dans les compromis, fuit avec grand soin la colère. Il est patient, souple, insinuant, et il n'a recours aux moyens extrêmes que quand la plus absolue nécessité l'y oblige. Le commerce rend les hommes indépendants les uns des autres ; il leur donne une haute idée de leur valeur individuelle ; il les porte à vouloir faire leurs propres affaires, et leur apprend à y réussir ; il les dispose donc à la liberté, mais il les éloigne des révolutions.

Dans une révolution, les possesseurs de biens mobiliers ont plus à craindre que tous les autres ; car, d'une part, leur propriété est souvent aisée à saisir, et, de l'autre, elle peut à tout moment disparaître complètement ; ce qu'ont moins à redouter les propriétaires fonciers qui, en perdant le revenu de leurs terres, espèrent du moins garder, à travers les vicissitudes, la terre elle-même. Aussi voit-on que les uns sont bien plus effrayés que les autres à l'aspect des mouvements révolutionnaires.

Les peuples sont donc moins disposés aux révolutions à mesure que, chez eux, les biens mobiliers se multiplient et se diversifient, et que le nombre de ceux qui les possèdent, devient plus grand.

Quelle que soit d'ailleurs la profession qu'embrassent les hommes, et le genre de biens dont ils jouissent, un trait leur est commun à tous.

Nul n'est pleinement satisfait de sa fortune présente, et tous s'efforcent chaque jour, par mille moyens divers, de l'augmenter. Considérez chacun d'entre eux à une époque quelconque de sa vie, et vous le verrez préoccupé de quelques plans nouveaux dont l'objet est d'accroître son aisance; ne lui parlez pas des intérêts et des droits du genre humain; cette petite entreprise domestique absorbe pour le moment toutes ses pensées, et lui fait souhaiter de remettre les agitations publiques à un autre temps.

Cela ne les empêche pas seulement de faire des révolutions, mais les détourne de le vouloir. Les violentes passions politiques ont peu de prise sur des hommes qui ont ainsi attaché toute leur âme à la poursuite du bien-être. L'ardeur qu'ils mettent aux petites affaires les calme sur les grandes.

Il s'élève, il est vrai, de temps à autre, dans les sociétés démocratiques, des citoyens entreprenants et ambitieux, dont les immenses désirs ne peuvent se satisfaire en suivant la route commune. Ceux-ci aiment les révolutions et les appellent; mais ils ont grand'peine à les faire naître, si des événements extraordinaires ne viennent à leur aide.

On ne lutte point avec avantage contre l'esprit de son siècle et de son pays; et un homme, quelque puissant qu'on le suppose, fait difficilement partager à ses contemporains des sentiments et des idées que l'ensemble de leurs désirs et de leurs sentiments repousse. Il ne faut donc pas croire que quand une fois l'égalité des conditions, devenue un fait ancien et incontesté, a imprimé aux mœurs son caractère, les hommes se laissent aisément précipiter dans les hasards à la suite d'un chef imprudent ou d'un hardi novateur.

Ce n'est pas qu'ils lui résistent d'une manière ouverte, à l'aide de combinaisons savantes, ou même par un dessein prémédité de résister. Ils ne le combattent point avec énergie, ils lui applaudissent même quelquefois, mais ils ne le suivent point. A sa fougue, ils opposent en secret leur inertie; à ses instincts révolutionnaires, leurs intérêts conservateurs ; leurs goûts casaniers à ses passions aventureuses ; leur bon sens aux écarts de son génie ; à sa poésie, leur prose. Il les soulève un moment avec mille efforts, et bientôt ils lui échappent, et comme entraînés par leur propre poids, ils retombent. Il s'épuise à vouloir animer cette foule indifférente et distraite, et il se voit enfin réduit à l'impuissance, non qu'il soit vaincu, mais parce qu'il est seul.

Je ne prétends point que les hommes qui vivent dans les sociétés démocratiques soient naturellement immobiles ; je pense, au contraire, qu'il règne au sein d'une pareille société un mouvement éternel, et que personne n'y connaît le repos ; mais je crois que les hommes s'y agitent entre de certaines limites qu'ils ne dépassent guère. Ils varient, altèrent ou renouvellent chaque jour les choses secondaires ; ils ont grand soin de ne pas toucher aux principales. Ils aiment le changement ; mais ils redoutent les révolutions.

Quoique les Américains modifient ou abrogent sans cesse quelques-unes de leurs lois, ils sont bien loin de faire voir des passions révolutionnaires. Il est facile de découvrir, à la promptitude avec laquelle ils s'arrêtent et se calment lorsque l'agitation publique commence à devenir menaçante et au moment même où les passions semblent le plus excitées, qu'ils redoutent une révolution comme le plus grand des malheurs, et que chacun d'entre eux est résolu intérieurement à faire de grands sacrifices pour l'éviter. Il n'y a pas de pays au monde où le sentiment de la propriété se montre plus actif et plus inquiet qu'aux États-Unis, et où la majorité témoigne moins de penchants pour les doctrines qui menacent d'altérer d'une manière quelconque la constitution des biens.

J'ai souvent remarqué que les théories qui sont révolutionnaires de leur nature, en ce qu'elles ne peuvent se réaliser que par un changement complet et quelquefois subit dans l'état de la propriété et des personnes, sont infiniment moins en faveur aux États-Unis que dans les grandes monarchies de l'Europe. Si quelques hommes les professent, la masse les repousse avec une sorte d'horreur instinctive.

Je ne crains pas de dire que la plupart des maximes qu'on a coutume d'appeler démocratiques en France seraient proscrites par la démocratie des États-Unis. Cela se comprend aisément. En Amérique on a des idées et des passions démocratiques; en Europe nous avons encore des passions et des idées révolutionnaires.

Si l'Amérique éprouve jamais de grandes révolutions, elles seront amenées par la présence des noirs sur le sol des États-Unis; c'est-à-dire que ce ne sera pas l'égalité des conditions, mais au contraire leur inégalité qui les fera naître.

Lorsque les conditions sont égales, chacun s'isole volontiers en soi-même et oublie le public. Si les législateurs des peuples démocratiques ne cherchaient point à corriger cette funeste tendance ou la favorisaient, dans la pensée qu'elle détourne les citoyens des passions politiques et les écarte ainsi des révolutions, il se pourrait qu'ils finissent eux-mêmes par produire le mal qu'ils veulent éviter, et qu'il arrivât un moment où les passions désordonnées de quelques hommes, s'aidant de l'égoïsme inintelligent et de la pusillanimité du plus grand nombre, finissent par contraindre le corps social à subir d'étranges vicissitudes.

Dans les sociétés démocratiques, il n'y a guère que de petites minorités qui désirent les révolutions; mais les minorités peuvent quelquefois les faire.

Je ne dis donc point que les nations démocratiques soient à l'abri des révolutions, je dis seulement que l'état social de ces nations ne les y porte pas, mais plutôt les en éloigne. Les peuples démocratiques, livrés à eux-mêmes, ne s'engagent point aisément dans les grandes aventures; ils ne sont entraînés vers les révolutions qu'à leur insu; ils les subissent quelquefois; mais ils ne les font pas. Et j'ajoute que quand on leur a permis d'acquérir des lumières et de l'expérience, ils ne les laissent pas faire.

Je sais bien qu'en cette matière les institutions publiques elles-mêmes peuvent beaucoup; elles favorisent ou contraignent les instincts qui naissent de l'état social. Je ne soutiens donc pas, je le répète, qu'un peuple soit à l'abri des révolutions par cela seul que, dans son sein, les conditions sont égales; mais je crois que, quelles que soient les institutions d'un pareil peuple, les grandes révolutions y seront toujours infiniment moins violentes et plus rares qu'on ne le suppose; et j'entrevois aisément tel état politique qui, venant à se combiner avec l'égalité, rendrait la société plus stationnaire qu'elle ne l'a jamais été dans notre occident.

Ce que je viens de dire des faits s'applique en partie aux idées.

Deux choses étonnent aux États-Unis; la grande mobilité de la plupart des actions humaines, et la fixité singulière de certains principes. Les hommes remuent sans cesse, l'esprit humain semble presque immobile.

Lorsqu'une opinion s'est une fois étendue sur le sol américain et y a pris racine, on dirait que nul pouvoir sur la terre n'est en état de l'extirper. Aux États-Unis, les doctrines générales en matières de religion, de philosophie, de morale et même de politique, ne varient point, ou du moins elles ne se modifient qu'après un travail caché et souvent insensible; les plus grossiers préjugés eux-mêmes ne s'effacent qu'avec une lenteur inconcevable au milieu de ces frottements mille fois répétés des choses et des hommes.

J'entends dire qu'il est dans la nature et dans les habitudes des démocraties de changer à tout moment de sentiments et de pensée. Cela peut être vrai de petites nations démocratiques, comme celles de l'antiquité qu'on réunissait tout entières sur une place publique et qu'on agitait ensuite au gré d'un orateur. Je n'ai rien vu de semblable dans le sein du grand peuple démocratique qui occupe les rivages opposés de notre Océan. Ce qui m'a frappé aux États-Unis, c'est la peine qu'on éprouve à désabuser la majorité d'une idée qu'elle a conçue et de la détacher d'un homme qu'elle adopte. Les écrits ni les discours ne sauraient guère y réussir; l'expérience seule en vient à bout; quelquefois encore faut-il qu'elle se répète.

Cela étonne au premier abord; un examen plus attentif l'explique.

Je ne crois pas qu'il soit aussi facile qu'on l'imagine de déraciner les préjugés d'un peuple démocratique; de changer ses croyances; de substituer de nouveaux principes religieux, philosophiques, politiques et moraux, à ceux qui s'y sont une fois établis, en un mot, d'y faire de grandes et fréquentes révolutions dans les intelligences. Ce n'est pas que l'esprit humain y soit oisif; il s'agite sans cesse; mais il s'exerce plutôt à varier à l'infini les conséquences des principes connus et à en découvrir de nouvelles, qu'à chercher de nouveaux principes. Il tourne avec agilité sur lui-même plutôt qu'il ne s'élance en avant par un effort rapide et direct; il étend peu à peu sa sphère par de petits mouvements continus et précipités; il ne la déplace point tout à coup.

Des hommes égaux en droits, en éducation, en fortune et, pour tout dire en un mot, de condition pareille, ont nécessairement des besoins, des habitudes et des goûts peu dissemblables. Comme ils aperçoivent les objets sous le même aspect, leur esprit incline naturellement vers des idées analogues, et, quoique chacun d'eux puisse s'écarter de ses contemporains et se faire des croyances à lui, ils finissent par se retrouver tous, sans le savoir et sans le vouloir, dans un certain nombre d'opinions communes.

Plus je considère attentivement les effets de l'égalité sur l'intelligence, et plus je me persuade que l'anarchie intellectuelle dont nous sommes témoins n'est pas, ainsi que plusieurs le supposent, l'état naturel des peuples démocratiques.

Je crois qu'il faut plutôt la considérer comme un accident particulier à leur jeunesse, et qu'elle ne se montre qu'à cette époque de passage où les hommes ont déjà brisé les antiques liens qui les attachaient les uns aux autres, et diffèrent encore prodigieusement par l'origine, l'éducation et les mœurs ; de telle sorte que, ayant conservé des idées, des instincts et des goûts fort divers, rien ne les empêche plus de les produire. Les principales opinions des hommes deviennent semblables à mesure que les conditions se ressemblent. Tel me paraît être le fait général et permanent ; le reste est fortuit et passager.

Je crois qu'il arrivera rarement que, dans le sein d'une société démocratique, un homme vienne à concevoir, d'un seul coup, un système d'idées fort éloignées de celui qu'ont adopté ses contemporains ; et, si un pareil novateur se présentait, j'imagine qu'il aurait d'abord grand'peine à se faire écouter, et plus encore à se faire croire.

Lorsque les conditions sont presque pareilles, un homme ne se laisse pas aisément persuader par un autre. Comme tous se voient de très-près ; qu'ils ont appris ensemble les mêmes choses et mènent la même vie, ils ne sont pas naturellement disposés à prendre l'un d'entre eux pour guide, et à le suivre aveuglément : on ne croit guère sur parole son semblable ou son égal.

Ce n'est pas seulement la confiance dans les lumières de certains individus qui s'affaiblit chez les nations démocratiques, ainsi que je l'ai dit ailleurs, l'idée générale de la supériorité intellectuelle qu'un homme quelconque peut acquérir sur tous les autres ne tarde pas à s'obscurcir.

A mesure que les hommes se ressemblent davantage, le dogme de l'égalité des intelligences s'insinue peu à peu dans leurs croyances, et il devient plus difficile à un novateur, quel qu'il soit, d'acquérir et d'exercer un grand pouvoir sur l'esprit d'un peuple. Dans de pareilles sociétés, les soudaines révolutions intellectuelles sont donc rares; car, si l'on jette les yeux sur l'histoire du monde, l'on voit que c'est bien moins la force d'un raisonnement que l'autorité d'un nom qui a produit les grandes et rapides mutations des opinions humaines.

Remarquez d'ailleurs que comme les hommes qui vivent dans les sociétés démocratiques ne sont attachés par aucun lien les uns aux autres, il faut convaincre chacun d'eux. Tandis que, dans les sociétés aristocratiques, c'est assez de pouvoir agir sur l'esprit de quelques uns; tous les autres suivent. Si Luther avait vécu dans un siècle d'égalité, et qu'il n'eût point eu pour auditeurs des seigneurs et des princes, il aurait peut-être trouvé plus de difficulté à changer la face de l'Europe.

Ce n'est pas que les hommes des démocraties soient naturellement fort convaincus de la certitude de leurs opinions, et très-fermes dans leurs croyances ; ils ont souvent des doutes que personne, à leurs yeux, ne peut résoudre. Il arrive quelquefois dans ce temps-là que l'esprit humain changerait volontiers de place ; mais, comme rien ne le pousse puissamment ni ne le dirige, il oscille sur lui-même et ne se meut pas (1).

Lorsqu'on a acquis la confiance d'un peuple

---

(1) Si je recherche quel est l'état de société le plus favorable aux grandes révolutions de l'intelligence, je trouve qu'il se rencontre quelque part entre l'égalité complète de tous les citoyens et la séparation absolue des classes.

Sous le régime des castes, les générations se succèdent sans que les hommes changent de place ; les uns n'attendent rien de plus, et les autres n'espèrent rien de mieux. L'imagination s'endort au milieu de ce silence et de cette immobilité universelle, et l'idée même du mouvement ne s'offre plus à l'esprit humain.

Quand les classes ont été abolies et que les conditions sont devenues presque égales, tous les hommes s'agitent sans cesse, mais chacun d'eux est isolé, indépendant et faible. Ce dernier état diffère prodigieusement du premier ; cependant il lui est analogue en un point. Les grandes révolutions de l'esprit humain y sont fort rares.

Mais entre ces deux extrémités de l'histoire des peuples, se rencontre un âge intermédiaire, époque glorieuse et troublée, où les conditions ne sont plus assez fixes pour que l'intelligence sommeille, et où elles sont assez inégales pour que les hommes exercent un très-grand pouvoir sur l'esprit les uns des autres, et que quelques uns puissent modifier les croyances de tous. C'est alors que les puissants réformateurs s'élèvent, et que de nouvelles idées changent tout à coup la face du monde.

démocratique, c'est encore une grande affaire que d'obtenir son attention. Il est très-difficile de se faire écouter des hommes qui vivent dans les démocraties, lorsqu'on ne les entretient point d'eux-mêmes. Ils n'écoutent pas les choses qu'on leur dit, parce qu'ils sont toujours fort préoccupés des choses qu'ils font.

Il se rencontre, en effet, peu d'oisifs chez les nations démocratiques. La vie s'y passe au milieu du mouvement et du bruit, et les hommes y sont si employés à agir, qu'il leur reste peu de temps pour penser. Ce que je veux remarquer surtout, c'est que non seulement ils sont occupés, mais que leurs occupations les passionnent. Ils sont perpétuellement en action, et chacune de leurs actions absorbe leur âme : le feu qu'ils mettent aux affaires les empêche de s'enflammer pour les idées.

Je pense qu'il est fort malaisé d'exciter l'enthousiasme d'un peuple démocratique pour une théorie quelconque qui n'ait pas un rapport visible, direct et immédiat avec la pratique journalière de sa vie. Un pareil peuple n'abandonne donc pas aisément ses anciennes croyances. Car c'est l'enthousiasme qui précipite l'esprit humain hors des routes frayées, et qui fait les grandes révolutions intellectuelles comme les grandes révolutions politiques.

Ainsi, les peuples démocratiques n'ont ni le loisir ni le goût d'aller à la recherche d'opinions nouvelles. Lors même qu'ils viennent à douter de celles qu'ils possèdent, ils les conservent néanmoins, parce qu'il leur faudrait trop de temps et d'examen pour en changer; il les gardent, non comme certaines, mais comme établies.

Il y a d'autres raisons encore et de plus puissantes qui s'opposent à ce qu'un grand changement s'opère aisément dans les doctrines d'un peuple démocratique. Je l'ai déjà indiqué au commencement de ce livre.

Si, dans le sein d'un peuple semblable, les influences individuelles sont faibles et presque nulles, le pouvoir exercé par la masse sur l'esprit de chaque individu est très-grand. J'en ai donné ailleurs les raisons. Ce que je veux dire en ce moment, c'est qu'on aurait tort de croire que cela dépendît uniquement de la forme du gouvernement, et que la majorité dût y perdre son empire intellectuel avec son pouvoir politique.

Dans les aristocraties, les hommes ont souvent une grandeur et une force qui leur sont propres. Lorsqu'ils se trouvent en contradiction avec le plus grand nombre de leurs semblables, ils se retirent en eux-mêmes, s'y soutiennent et s'y consolent. Il n'en est pas de même parmi les peuples démocratiques. Chez eux, la faveur publique semble aussi nécessaire que l'air que l'on respire, et c'est, pour ainsi dire, ne pas vivre que d'être en désaccord avec la masse. Celle-ci n'a pas besoin d'employer les lois pour plier ceux qui ne pensent pas comme elle. Il lui suffit de les désapprouver. Le sentiment de leur isolement et de leur impuissance les accable aussitôt et les désespère.

Toutes les fois que les conditions sont égales, l'opinion générale pèse d'un poids immense sur l'esprit de chaque individu; elle l'enveloppe, le dirige et l'opprime : cela tient à la constitution même de la société bien plus qu'à ses lois politiques. A mesure que tous les hommes se ressemblent davantage, chacun se sent de plus en plus faible en face de tous. Ne découvrant rien qui l'élève fort au-dessus d'eux et qui l'en distingue, il se défie de lui-même, dès qu'ils le combattent; non seulement il doute de ses forces, mais il en vient à douter de son droit, et il est bien près de reconnaître qu'il a tort, quand le plus grand nombre l'affirme. La majorité n'a pas besoin de le contraindre; elle le convainc.

De quelque manière qu'on organise les pouvoirs d'une société démocratique et qu'on les pondère, il sera donc toujours très-difficile d'y croire ce que rejette la masse, et d'y professer ce qu'elle condamne.

Ceci favorise merveilleusement la stabilité des croyances.

Lorsqu'une opinion a pris pied chez un peuple démocratique et s'est établie dans l'esprit du plus grand nombre, elle subsiste ensuite d'elle-même et se perpétue sans efforts, parce que personne ne l'attaque. Ceux qui l'avaient d'abord repoussée comme fausse, finissent par la recevoir comme générale, et ceux qui continuent à la combattre au fond de leur cœur, n'en font rien voir; ils ont bien soin de ne point s'engager dans une lutte dangereuse et inutile.

Il est vrai que quand la majorité d'un peuple démocratique change d'opinion, elle peut opérer à son gré d'étranges et subites révolutions dans le monde des intelligences; mais il est très difficile que son opinion change, et presque aussi difficile de constater qu'elle est changée.

Il arrive quelquefois que le temps, les événements, ou l'effort individuel et solitaire des intelligences, finissent par ébranler ou par détruire peu à peu une croyance, sans qu'il en paraisse rien au dehors. On ne la combat point ouvertement. On ne se réunit point pour lui faire la guerre. Ses sectateurs la quittent un à un et sans bruit; mais chaque jour quelques uns l'abandonnent, jusqu'à ce qu'enfin elle n'est plus partagée que par le petit nombre.

En cet état elle règne encore.

Comme ses ennemis continuent à se taire, ou ne se communiquent qu'à la dérobée leurs pensées, ils sont eux-mêmes longtemps sans pouvoir s'assurer qu'une grande révolution s'est accomplie, et dans le doute ils demeurent immobiles. Ils observent et se taisent. La majorité ne croit plus; mais elle a encore l'air de croire, et ce vain fantôme d'une opinion publique suffit pour glacer les novateurs, et les tenir dans le silence et le respect.

Nous vivons à une époque qui a vu les plus rapides changements s'opérer dans l'esprit des hommes. Cependant il se pourrait faire que bientôt les principales opinions humaines soient plus stables qu'elles ne l'ont été dans les siècles précédents de notre histoire; ce temps n'est pas venu, mais peut-être il approche.

A mesure que j'examine de plus près les besoins et les instincts naturels des peuples démocratiques, je me persuade que, si jamais l'égalité s'établit d'une manière générale et permanente dans le monde, les grandes révolutions intellectuelles et politiques deviendront bien plus difficiles et plus rares qu'on ne le suppose.

Parce que les hommes des démocraties paraissent toujours émus, incertains, haletans, prêts à changer de volonté et de place, on se figure qu'ils vont abolir tout à coup leurs lois, adopter de nouvelles croyances et prendre de nouvelles mœurs. On ne songe point que si l'égalité porte les hommes au changement, elle leur suggère des intérêts et des goûts qui ont besoin de la stabilité pour se satisfaire ; elle les pousse, et, en même temps, elle les arrête, elle les aiguillonne et les attache à la terre ; elle enflamme leurs désirs et limite leurs forces.

C'est ce qui ne se découvre pas d'abord : les passions qui écartent les citoyens les uns des autres dans une démocratie se manifestent d'elles-mêmes. Mais on n'aperçoit pas du premier coup d'œil la force cachée qui les retient et les rassemble.

Oserais-je le dire au milieu des ruines qui m'environnent ? Ce que je redoute le plus pour les générations à venir, ce ne sont pas les révolutions.

Si les citoyens continuent à se renfermer de plus en plus étroitement dans le cercle des petits intérêts domestiques, et à s'y agiter sans repos, on peut appréhender qu'ils ne finissent par devenir comme inaccessibles à ces grandes et puissantes émotions publiques qui troublent les peuples, mais qui les développent, et les renouvellent. Quand je vois la propriété devenir si mobile, et l'amour de la propriété si inquiet et si ardent, je ne puis m'empêcher de craindre que les hommes n'arrivent à ce point, de regarder toute théorie nouvelle comme un péril, toute innovation comme un trouble fâcheux; tout progrès social comme un premier pas vers une révolution, et qu'ils refusent entièrement de se mouvoir de peur qu'on les entraîne. Je tremble, je le confesse, qu'ils ne se laissent enfin si bien posséder par un lâche amour des jouissances présentes, que l'intérêt de leur propre avenir et de celui de leurs descendants disparaisse, et qu'ils aiment mieux suivre mollement le cours de leur destinée, que de faire au besoin un soudain et énergique effort pour le redresser.

On croit que les sociétés nouvelles vont chaque jour changer de face, et moi j'ai peur qu'elles ne finissent par être trop invariablement fixées dans les mêmes institutions, les mêmes préjugés, les mêmes mœurs, de telle sorte que le genre humain s'arrête et se borne; que l'esprit se plie et se replie éternellement sur lui-même sans produire d'idées nouvelles; que l'homme s'épuise en petits mouvements solitaires et stériles; et que, tout en se remuant sans cesse, l'humanité n'avance plus.

CHAPITRE XXII.

Pourquoi les peuples démocratiques désirent naturellement la paix, et les armées démocratiques naturellement la guerre.

―――

Les mêmes intérêts, les mêmes craintes, les mêmes passions qui écartent les peuples démocratiques des révolutions les éloignent de la guerre : l'esprit militaire et l'esprit révolutionnaire s'affaiblissent en même temps et par les mêmes causes.

Le nombre toujours croissant des propriétaires amis de la paix, le développement de la richesse mobilière que la guerre dévore si rapidement, cette mansuétude des mœurs, cette mollesse de cœur, cette disposition à la pitié que l'égalité inspire, cette froideur de raison qui rend peu sensible aux poétiques et violentes émotions qui naissent parmi les armes, toutes ces causes s'unissent pour éteindre l'esprit militaire.

Je crois qu'on peut admettre comme règle générale et constante que, chez les peuples civilisés, les passions guerrières deviendront plus rares et moins vives, à mesure que les conditions seront plus égales.

La guerre cependant est un accident auquel tous les peuples sont sujets, les peuples démocratiques aussi bien que les autres. Quel que soit le goût que ces nations aient pour la paix, il faut bien qu'elles se tiennent prêtes à repousser la guerre ou, en d'autres termes, qu'elles aient une armée.

La fortune qui a fait des choses si particulières en faveur des habitants des États-Unis, les a placés au milieu d'un désert où ils n'ont, pour ainsi dire, pas de voisins. Quelques milliers de soldats leur suffisent, mais ceci est américain et point démocratique.

L'égalité des conditions, et les mœurs ainsi que les institutions qui en dérivent, ne soustraient pas un peuple démocratique à l'obligation d'entretenir des armées, et ses armées exercent toujours une très-grande influence sur son sort.

Il importe donc singulièrement de rechercher quels sont les instincts naturels de ceux qui les composent.

Chez les peuples aristocratiques, chez ceux surtout où la naissance règle seule le rang, l'inégalité se retrouve dans l'armée comme dans la nation ; l'officier est le noble, le soldat est le serf. L'un est nécessairement appelé à commander, l'autre à obéir. Dans les armées aristocratiques, l'ambition du soldat a donc des bornes très-étroites.

Celle des officiers n'est pas non plus illimitée.

Un corps aristocratique ne fait pas seulement partie d'une hiérarchie ; il contient toujours une hiérarchie dans son sein ; les membres qui la composent sont placés les uns au-dessous des autres, d'une certaine manière qui ne varie point. Celui-ci est appelé naturellement par la naissance à commander un régiment, et celui-là une compagnie ; arrivés à ces termes extrêmes de leurs espérances, ils s'arrêtent d'eux-mêmes et se tiennent pour satisfaits de leur sort.

Il y a d'ailleurs une grande cause qui, dans les aristocraties, attiédit le désir de l'avancement chez l'officier.

Chez les peuples aristocratiques, l'officier, indépendamment de son rang dans l'armée, occupe encore un rang élevé dans la société ; le premier n'est presque toujours à ses yeux qu'un accessoire du second; le noble, en embrassant la carrière des armes, obéit moins encore à l'ambition qu'à une sorte de devoir que sa naissance lui impose. Il entre dans l'armée afin d'y employer honorablement les années oisives de sa jeunesse, et de pouvoir en rapporter dans ses foyers et parmi ses pareils quelques souvenirs honorables de la vie militaire; mais son principal objet n'est point d'y acquérir des biens, de la considération et du pouvoir; car il possède ces avantages par lui-même, et en jouit sans sortir de chez lui.

Dans les armées démocratiques, tous les soldats peuvent devenir officiers, ce qui généralise le désir de l'avancement, et étend les limites de l'ambition militaire presque à l'infini.

De son côté, l'officier ne voit rien qui l'arrête naturellement et forcément à un grade plutôt qu'à un autre, et chaque grade a un prix immense à ses yeux, parce que son rang dans la société dépend presque toujours de son rang dans l'armée.

Chez les peuples démocratiques, il arrive souvent que l'officier n'a de bien que sa paie, et ne peut attendre de considération que de ses honneurs militaires. Toutes les fois qu'il change de fonctions, il change donc de fortune, et il est en quelque sorte un autre homme. Ce qui était l'accessoire de l'existence dans les armées aristocratiques, est ainsi devenu le principal, le tout, l'existence elle-même.

Sous l'ancienne monarchie française, on ne donnait aux officiers que leur titre de noblesse. De nos jours, on ne leur donne que leur titre militaire. Ce petit changement des formes du langage suffit pour indiquer qu'une grande révolution s'est opérée dans la constitution de la société et dans celle de l'armée.

Au sein des armées démocratiques, le désir d'avancer est presque universel; il est ardent, tenace, continuel; il s'accroît de tous les autres désirs, et ne s'éteint qu'avec la vie. Or il est facile de voir que de toutes les armées du monde, celles où l'avancement doit être le plus lent en temps de paix sont les armées démocratiques. Le nombre des grades étant naturellement limité, le nombre des concurrents presque innombrable, et la loi inflexible de l'égalité pesant sur tous, nul ne saurait faire de progrès rapides, et beaucoup ne peuvent bouger de place. Ainsi le besoin d'avancer y est plus grand, et la facilité d'avancer moindre qu'ailleurs.

Tous les ambitieux que contient une armée démocratique souhaitent donc la guerre avec véhémence, parce que la guerre vide les places et permet enfin de violer ce droit de l'ancienneté, qui est le seul privilége naturel à la démocratie.

Nous arrivons ainsi à cette conséquence singulière que, de toutes les armées, celles qui désirent le plus ardemment la guerre sont les armées démocratiques, et que, parmi les peuples, ceux qui aiment le plus la paix sont les peuples démocratiques; et ce qui achève de rendre la chose extraordinaire, c'est que l'égalité produit à la fois ces effets contraires.

Les citoyens, étant égaux, conçoivent chaque jour le désir et découvrent la possibilité de changer leur condition et d'accroître leur bien-être; cela les dispose à aimer la paix, qui fait prospérer l'industrie et permet à chacun de pousser tranquillement à bout ses petites entreprises; et, d'un autre côté, cette même égalité, en augmentant le prix des honneurs militaires aux yeux de ceux qui suivent la carrière des armes, et en rendant les honneurs accessibles à tous, fait rêver aux soldats les champs de bataille. Des deux parts, l'inquiétude du cœur est la même, le goût des jouissances est aussi insatiable, l'ambition égale; le moyen de la satisfaire est seul différent.

Ces dispositions opposées de la nation et de l'armée font courir aux sociétés démocratiques de grands dangers.

Lorsque l'esprit militaire abandonne un peuple, la carrière militaire cesse aussitôt d'être honorée, et les hommes de guerre tombent au dernier rang des fonctionnaires publics. On les estime peu et on ne les comprend plus. Il arrive alors le contraire de ce qui se voit dans les siècles aristocratiques. Ce ne sont plus les principaux citoyens qui entrent dans l'armée, mais les moindres. On ne se livre à l'ambition militaire que quand nulle autre n'est permise. Ceci forme un cercle vicieux d'où on a de la peine à sortir. L'élite de la nation évite la carrière militaire, parce que cette carrière n'est pas honorée; et elle n'est point honorée, parce que l'élite de la nation n'y entre plus.

Il ne faut donc pas s'étonner si les armées démocratiques se montrent souvent inquiètes, grondantes et mal satisfaites de leur sort, quoique la condition physique y soit d'ordinaire beaucoup plus douce et la discipline moins rigide que dans toutes les autres. Le soldat se sent dans une position inférieure, et son orgueil blessé achève de lui donner le goût de la guerre qui le rend nécessaire, ou l'amour des révolutions durant lesquelles il espère conquérir, les armes à la main, l'influence politique et la considération individuelle qu'on lui conteste.

La composition des armées démocratiques rend ce dernier péril fort à craindre.

Dans la société démocratique, presque tous les

citoyens ont des propriétés à conserver; mais les armées démocratiques sont conduites, en général, par des prolétaires. La plupart d'entre eux ont peu à perdre dans les troubles civils. La masse de la nation y craint naturellement beaucoup plus les révolutions que dans les siècles d'aristocratie; mais les chefs de l'armée les redoutent bien moins.

De plus, comme chez les peuples démocratiques, ainsi que je l'ai dit ci-devant, les citoyens les plus riches, les plus instruits, les plus capables n'entrent guère dans la carrière militaire, il arrive que l'armée, dans son ensemble, finit par faire une petite nation à part, où l'intelligence est moins étendue, et les habitudes plus grossières que dans la grande. Or, cette petite nation incivilisée possède les armes, et seule elle sait s'en servir.

Ce qui accroît, en effet, le péril que l'esprit militaire et turbulent de l'armée fait courir aux peuples démocratiques, c'est l'humeur pacifique des citoyens; il n'y a rien de si dangereux qu'une armée au sein d'une nation qui n'est pas guerrière; l'amour excessif de tous les citoyens pour la tranquillité y met chaque jour la constitution à la merci des soldats.

On peut donc dire d'une manière générale que si les peuples démocratiques sont naturellement portés vers la paix par leurs intérêts et leurs instincts, ils sont sans cesse attirés vers la guerre et les révolutions par leurs armées.

Les révolutions militaires, qui ne sont presque jamais à craindre dans les aristocraties, sont toujours à redouter chez les nations démocratiques. Ces périls doivent être rangés parmi les plus redoutables de tous ceux que renferme leur avenir; il faut que l'attention des hommes d'état s'applique sans relâche à y trouver un remède.

Lorsqu'une nation se sent intérieurement travaillée par l'ambition inquiète de son armée, la première pensée qui se présente, c'est de donner à cette ambition incommode la guerre pour objet.

Je ne veux point médire de la guerre; la guerre agrandit presque toujours la pensée d'un peuple et lui élève le cœur. Il y a des cas où seule elle peut arrêter le développement excessif de certains penchants que fait naturellement naître l'égalité, et où il faut la considérer comme nécessaire à certaines maladies invétérées auxquelles les sociétés démocratiques sont sujettes.

La guerre a de grands avantages; mais il ne faut pas se flatter qu'elle diminue le péril qui vient d'être signalé. Elle ne fait que le suspendre, et il revient plus terrible après elle; car l'armée souffre bien plus impatiemment la paix après avoir goûté de la guerre. La guerre ne serait un remède que pour un peuple qui voudrait toujours la gloire.

Je prévois que tous les princes guerriers qui s'élèveront au sein des grandes nations démocratiques trouveront qu'il leur est plus facile de vaincre avec leur armée que de la faire vivre en paix après la victoire. Il y a deux choses qu'un peuple démocratique aura toujours beaucoup de peine à faire : commencer la guerre et la finir.

Si d'ailleurs la guerre a des avantages particuliers pour les peuples démocratiques, d'un autre côté elle leur fait courir de certains périls que n'ont point à en redouter, au même degré, les aristocraties. Je n'en citerai que deux.

Si la guerre satisfait l'armée, elle gêne et souvent désespère cette foule innombrable de citoyens dont les petites passions ont, tous les jours, besoin de la paix pour se satisfaire. Elle risque donc de faire naître sous une autre forme le désordre qu'elle doit prévenir.

Il n'y a pas de longue guerre qui dans un pays démocratique ne mette en grand hasard la liberté. Ce n'est pas qu'il faille craindre précisément d'y voir, après chaque victoire, les généraux vainqueurs s'emparer par la force du souverain pouvoir, à la manière de Sylla et de César. Le péril est d'une autre sorte. La guerre ne livre pas toujours les peuples démocratiques au gouvernement militaire; mais elle ne peut manquer d'accroître immensément, chez ces peuples, les attributions du gouvernement civil; elle centralise presque forcément dans les mains de celui-ci la direction de tous les hommes et l'usage de toutes les choses. Si elle ne conduit pas tout à coup au despotisme par la violence, elle y amène doucement par les habitudes.

Tous ceux qui cherchent à détruire la liberté dans le sein d'une nation démocratique doivent savoir que le plus sûr et le plus court moyen d'y parvenir est la guerre. C'est là le premier axiôme de la science.

Un remède semble s'offrir de lui-même, lorsque l'ambition des officiers et des soldats devient à craindre, c'est d'accroître le nombre des places à donner, en augmentant l'armée. Ceci soulage le mal présent, mais engage d'autant plus l'avenir.

Augmenter l'armée peut produire un effet durable dans une société aristocratique, parce que, dans ces sociétés, l'ambition militaire est limitée à une seule espèce d'hommes, et s'arrête, pour chaque homme, à une certaine borne; de telle sorte qu'on peut arriver à contenter à peu près tous ceux qui la ressentent.

Mais chez un peuple démocratique on ne gagne rien à accroître l'armée, parce que le nombre des ambitieux s'y accroît toujours exactement dans le même rapport que l'armée elle-même. Ceux dont vous avez exaucé les vœux en créant de nouveaux emplois sont aussitôt remplacés par une foule nouvelle que vous ne pouvez satisfaire, et les premiers eux-mêmes recommencent bientôt à se plaindre; car la même agitation d'esprit qui règne parmi les citoyens d'une démocratie se fait voir dans l'armée ; ce qu'on y veut, ce n'est pas de gagner un certain grade, mais d'avancer toujours. Si les désirs ne sont pas très-vastes, ils renaissent sans cesse. Un peuple démocratique qui augmente son armée ne fait donc qu'adoucir, pour un moment, l'ambition des gens de guerre; mais bientôt elle devient plus redoutable, parce que ceux qui la ressentent sont plus nombreux.

Je pense, pour ma part, qu'un esprit inquiet et turbulent est un mal inhérent à la constitution même des armées démocratiques, et qu'on doit renoncer à le guérir. Il ne faut pas que les législateurs des démocraties se flattent de trouver une organisation militaire qui ait par elle-même la force de calmer et de contenir les gens de guerre; ils s'épuiseraient en vains efforts avant d'y atteindre.

Ce n'est pas dans l'armée qu'on peut rencontrer le remède aux vices de l'armée, mais dans le pays.

Les peuples démocratiques craignent naturellement le trouble et le despotisme. Il s'agit seulement de faire de ces instincts des goûts réfléchis, intelligents, et stables. Lorsque les citoyens ont enfin appris à faire un paisible et utile usage de la liberté et ont senti ses bienfaits; quand ils ont contracté un amour viril de l'ordre, et se sont pliés volontairement à la règle, ces mêmes citoyens, en entrant dans la carrière des armes, y apportent, à leur insu et comme malgré eux, ces habitudes et ces mœurs. L'esprit général de la nation pénétrant dans l'esprit particulier de l'armée, tempère les opinions et les désirs que l'état militaire fait naître; ou, par la force toute puisante de l'opinion publique, il les comprime. Ayez des citoyens éclairés, réglés, fermes et libres, et vous aurez des soldats disciplinés et obéissants.

Toute loi qui, en réprimant l'esprit turbulent de l'armée, tendrait à diminuer, dans le sein de la nation, l'esprit de liberté civile et à y obscurcir l'idée du droit et des droits, irait donc contre son objet. Elle favoriserait l'établissement de la tyrannie militaire, beaucoup plus qu'elle ne lui nuirait.

Après tout, et quoi qu'on fasse, une grande armée, au sein d'un peuple démocratique, sera toujours un grand péril ; et le moyen le plus efficace de diminuer ce péril, sera de réduire l'armée : mais c'est un remède dont il n'est pas donné à tous les peuples de pouvoir user.

CHAPITRE XXIII.

Quelle est, dans les armées démocratiques, la classe la plus guerrière et la plus révolutionnaire.

Il est de l'essence d'une armée démocratique d'être très-nombreuse, relativement au peuple qui la fournit; j'en dirai plus loin les raisons.

D'une autre part, les hommes qui vivent dans les temps démocratiques ne choisissent guère la carrière militaire.

Les peuples démocratiques sont donc bientôt amenés à renoncer au recrutement volontaire, pour avoir recours à l'enrôlement forcé. La nécessité de leur condition les oblige à prendre ce dernier moyen, et l'on peut aisément prédire que tous l'adopteront.

Le service militaire étant forcé, la charge s'en

partage indistinctement et également sur tous les citoyens. Cela ressort encore nécessairement de la condition de ces peuples et de leurs idées. Le gouvernement y peut à peu près ce qu'il veut, pourvu qu'il s'adresse à tout le monde à la fois ; c'est l'inégalité du poids et non le poids qui fait d'ordinaire qu'on lui résiste.

Or, le service militaire étant commun à tous les citoyens, il en résulte évidemment que chacun d'eux ne reste qu'un petit nombre d'années sous les drapeaux.

Ainsi, il est dans la nature des choses que le soldat ne soit qu'en passant dans l'armée, tandis que chez la plupart des nations aristocratiques l'état militaire est un métier que le soldat prend, ou qui lui est imposé pour toute la vie.

Ceci a de grandes conséquences. Parmi les soldats qui composent une armée démocratique, quelques-uns s'attachent à la vie militaire, mais le plus grand nombre amenés ainsi malgré eux sous le drapeau, et toujours prêts à retourner dans leurs foyers, ne se considèrent pas comme sérieusement engagés dans la carrière militaire, et ne songent qu'à en sortir.

Ceux-ci ne contractent pas les besoins et ne partagent jamais qu'à moitié les passions que cette carrière fait naître. Ils se plient à leurs devoirs militaires, mais leur âme reste attachée aux intérêts et aux désirs qui la remplissaient dans la vie civile. Ils ne prennent donc pas l'esprit de l'armée; ils apportent plutôt au sein de l'armée l'esprit de la société et l'y conservent. Chez les peuples démocratiques, ce sont les simples soldats qui restent le plus citoyens; c'est sur eux que les habitudes nationales gardent le plus de prise, et l'opinion publique le plus de pouvoir. C'est par les soldats qu'on peut surtout se flatter de faire pénétrer dans une armée démocratique l'amour de la liberté, et le respect des droits qu'on a su inspirer au peuple lui-même. Le contraire arrive chez les nations aristocratiques où les soldats finissent par n'avoir plus rien de commun avec leurs concitoyens, et par vivre au milieu d'eux comme des étrangers, et souvent comme des ennemis.

Dans les armées aristocratiques, l'élément conservateur est l'officier, parce que l'officier seul a gardé des liens étroits avec la société civile, et ne quitte jamais la volonté de venir tôt ou tard y reprendre sa place; dans les armées démocratiques, c'est le soldat, et pour des causes toutes semblables.

Il arrive souvent, au contraire, que dans ces mêmes armées démocratiques, l'officier contracte des goûts et des désirs entièrement à part de ceux de la nation. Cela se comprend.

Chez les peuples démocratiques, l'homme qui devient officier rompt tous les liens qui l'attachaient à la vie civile; il en sort pour toujours, et il n'a aucun intérêt à y rentrer. Sa véritable patrie, c'est l'armée, puisqu'il n'est rien que par le rang qu'il y occupe; il suit donc la fortune de l'armée, grandit ou s'abaisse avec elle, et c'est vers elle seule qu'il dirige désormais ses espérances. L'officier ayant des besoins fort distincts de ceux du pays, il peut se faire qu'il désire ardemment la guerre, ou travaille à une révolution dans le moment même où la nation aspire le plus à la stabilité et à la paix.

Toutefois il y a des causes qui tempèrent en lui l'humeur guerrière et inquiète. Si l'ambition est universelle et continue chez les peuples démocratiques, nous avons vu qu'elle y est rarement grande. L'homme qui, sorti des classes secondaires de la nation, est parvenu à travers les rangs inférieurs de l'armée jusqu'au grade d'officier, a déjà fait un pas immense. Il a pris pied dans une sphère supérieure à celle qu'il occupait au sein de la société civile, et il y a acquis des droits que la plupart des nations démocratiques considèreront toujours comme inaliénables (1). Il s'arrête volontiers après

---

(1) La position de l'officier est, en effet, bien plus assurée chez les peuples démocratiques que chez les autres. Moins l'officier est par lui-

ce grand effort, et songe à jouir de sa conquête. La crainte de compromettre ce qu'il possède amollit déjà dans son cœur l'envie d'acquérir ce qu'il n'a pas. Après avoir franchi le premier et le plus grand obstacle qui arrêtait ses progrès, il se résigne avec moins d'impatience à la lenteur de sa marche. Cet attiédissement de l'ambition s'accroît à mesure que, s'élevant davantage en grade, il trouve plus à perdre dans les hasards. Si je ne me trompe, la partie la moins guerrière comme la moins révolutionnaire d'une armée démocratique sera toujours la tête.

Ce que je viens de dire de l'officier et du soldat n'est point applicable à une classe nombreuse qui, dans toutes les armées, occupe entre eux la place intermédiaire; je veux parler des sous-officiers.

Cette classe des sous-officiers qui, avant le siècle présent, n'avait point encore paru dans l'histoire, est appelée désormais, je pense, à y jouer un rôle.

De même que l'officier, le sous-officier a rompu dans sa pensée tous les liens qui l'attachaient à la société civile; de même que lui, il a fait de l'état militaire sa carrière, et, plus que lui peut-être, il a dirigé de ce seul côté tous ses désirs; mais il n'a

même, plus le grade a comparativement de prix, et plus le législateur trouve juste et nécessaire d'en assurer la jouissance.

pas encore atteint comme l'officier un point élevé et solide où il lui soit loisible de s'arrêter et de respirer à l'aise, en attendant qu'il puisse monter plus haut.

Par la nature même de ses fonctions qui ne saurait changer, le sous-officier est condamné à mener une existence obscure, étroite, malaisée et précaire. Il ne voit encore de l'état militaire que les périls. Il n'en connaît que les privations et l'obéissance, plus difficiles à supporter que les périls. Il souffre d'autant plus de ses misères présentes, qu'il sait que la constitution de la société et celle de l'armée lui permettent de s'en affranchir; d'un jour à l'autre, en effet, il peut devenir officier. Il commande alors, il a des honneurs, de l'indépendance, des droits, des jouissances; non-seulement cet objet de ses espérances lui paraît immense, mais avant que de le saisir, il n'est jamais sûr de l'atteindre. Son grade n'a rien d'irrévocable; il est livré chaque jour tout entier à l'arbitraire de ses chefs; les besoins de la discipline exigent impérieusement qu'il en soit ainsi. Une faute légère, un caprice, peuvent toujours lui faire perdre, en un moment, le fruit de plusieurs années de travaux et d'efforts. Jusqu'à ce qu'il soit arrivé au grade qu'il convoite, il n'a donc rien fait. Là seulement il semble entrer dans la carrière. Chez un homme ainsi aiguillonné sans cesse par sa jeunesse, ses besoins, ses passions, l'esprit de son temps, ses espérances et ses craintes, il ne peut manquer de s'allumer une ambition désespérée.

Le sous-officier veut donc la guerre, il la veut toujours et à tout prix, et si on lui refuse la guerre, il désire les révolutions qui suspendent l'autorité des règles et au milieu desquelles il espère, à la faveur de la confusion et des passions politiques, chasser son officier et en prendre la place ; et il n'est pas impossible qu'il les fasse naître, parce qu'il exerce une grande influence sur les soldats par la communauté d'origine et d'habitudes, bien qu'il en diffère beaucoup par les passions et les désirs.

On aurait tort de croire que ces dispositions diverses de l'officier, du sous-officier et du soldat, tinssent à un temps ou à un pays. Elles se feront voir à toutes les époques et chez toutes les nations démocratiques.

Dans toute armée démocratique, ce sera toujours le sous-officier qui représentera le moins l'esprit pacifique et régulier du pays, et le soldat qui le représentera le mieux. Le soldat apportera dans la carrière militaire la force ou la faiblesse des mœurs nationales; il y fera voir l'image fidèle de la nation. Si elle est ignorante et faible, il se laissera entraîner au désordre par ses chefs, à son insu ou malgré lui. Si elle est éclairée et énergique, il les retiendra lui-même dans l'ordre.

CHAPITRE XXIV.

Ce qui rend les armées démocratiques plus faibles que les autres armées en entrant en campagne, et plus redoutables quand la guerre se prolonge.

———◆◆◆———

Toute armée qui entre en campagne après une longue paix, risque d'être vaincue ; toute armée qui a longtemps fait la guerre a de grandes chances de vaincre : cette vérité est particulièrement applicable aux armées démocratiques.

Dans les aristocraties, l'état militaire, étant une carrière privilégiée, est honoré même en temps de paix. Des hommes qui ont de grands talents, de grandes lumières et une grande ambition l'embrassent ; l'armée est, en toutes choses, au niveau de la nation ; souvent même elle le dépasse.

Nous avons vu comment, au contraire, chez les peuples démocratiques, l'élite de la nation s'écartait peu à peu de la carrière militaire, pour chercher, par d'autres chemins, la considération, le pouvoir et surtout la richesse. Après une longue paix, et dans les temps démocratiques les paix sont longues, l'armée est toujours inférieure au pays lui-même. C'est en cet état que la trouve la guerre; et jusqu'à ce que la guerre l'ait changée, il y a péril pour le pays et pour l'armée.

J'ai fait voir comment, dans les armées démocratiques et en temps de paix, le droit d'ancienneté était la loi suprême et inflexible de l'avancement. Cela ne découle pas seulement, ainsi que je l'ai dit, de la constitution de ces armées, mais de la constitution même du peuple, et se retrouvera toujours.

De plus, comme chez ces peuples l'officier n'est quelque chose dans le pays que par sa position militaire, et qu'il tire de là toute sa considération et toute son aisance, il ne se retire ou n'est exclu de l'armée qu'aux limites extrêmes de la vie.

Il résulte de ces deux causes que lorsqu'après un long repos un peuple démocratique prend enfin les armes, tous les chefs de son armée se trouvent être des vieillards. Je ne parle pas seulement des généraux, mais des officiers subalternes, dont la plupart sont restés immobiles, ou n'ont pu marcher que pas à pas. Si l'on considère une armée démocratique après une longue paix, on voit avec surprise que tous les soldats sont voisins de l'enfance et tous les chefs sur le déclin ; de telle sorte que les premiers manquent d'expérience et les seconds de vigueur.

Cela est une grande cause de revers ; car la première condition pour bien conduire la guerre, est d'être jeune ; je n'aurais pas osé le dire, si le plus grand capitaine des temps modernes ne l'avait dit.

Ces deux causes n'agissent pas de la même manière sur les armées aristocratiques.

Comme on y avance par droit de naissance bien plus que par droit d'ancienneté, il se rencontre toujours dans tous les grades un certain nombre d'hommes jeunes, et qui apportent à la guerre toute la première énergie du corps et de l'âme.

De plus, comme les hommes qui recherchent les honneurs militaires chez un peuple aristocratique ont une position assurée dans la société civile, ils attendent rarement que les approches de la vieillesse les surprennent dans l'armée. Après avoir consacré à la carrière des armes les plus vigoureuses années de leur jeunesse, ils se retirent d'eux-mêmes et vont user dans leurs foyers les restes de leur âge mûr.

Une longue paix ne remplit pas seulement les

armées démocratiques de vieux officiers, elle donne encore à tous les officiers des habitudes de corps et d'esprit qui les rendent peu propres à la guerre. Celui qui a longtemps vécu au milieu de l'atmosphère paisible et tiède des mœurs démocratiques se plie d'abord malaisément aux rudes travaux et aux austères devoirs que la guerre impose. S'il n'y perd pas absolument le goût des armes, il y prend du moins des façons de vivre qui l'empêchent de vaincre.

Chez les peuples aristocratiques, la mollesse de la vie civile exerce moins d'influence sur les mœurs militaires, parce que, chez ces peuples, c'est l'aristocratie qui conduit l'armée. Or, une aristocratie, quelque plongée qu'elle soit dans les délices, a toujours plusieurs autres passions que celles du bien-être, et elle fait volontiers le sacrifice momentané de son bien-être, pour mieux satisfaire ces passions-là.

J'ai montré comment, dans les armées démocratiques, en temps de paix, les lenteurs de l'avancement sont extrêmes. Les officiers supportent d'abord cet état de choses avec impatience; ils s'agitent, s'inquiètent et se désespèrent; mais, à la longue, la plupart d'entre eux se résignent. Ceux qui ont le plus d'ambition et de ressources sortent de l'armée; les autres proportionnant enfin leurs goûts et leurs désirs à la médiocrité de leur sort, finissent par considérer l'état militaire sous un aspect civil. Ce qu'ils en prisent le plus, c'est l'aisance et la stabilité qui l'accompagnent; sur l'assurance de cette petite fortune, ils fondent toute l'image de leur avenir, et ils ne demandent qu'à pouvoir en jouir paisiblement.

Ainsi, non seulement une longue paix remplit de vieux officiers les armées démocratiques, mais elle donne souvent des instincts de vieillards à ceux même qui y sont encore dans la vigueur de l'âge.

J'ai fait voir également comment, chez les nations démocratiques, en temps de paix, la carrière militaire était peu honorée et mal suivie.

Cette défaveur publique est un poids très-lourd qui pèse sur l'esprit de l'armée. Les âmes en sont comme pliées; et, quand enfin la guerre arrive, elles ne sauraient reprendre en un moment leur élasticité et leur vigueur.

Une semblable cause d'affaiblissement moral ne se rencontre point dans les armées aristocratiques. Les officiers ne s'y trouvent jamais abaissés à leurs propres yeux et à ceux de leurs semblables, parce que, indépendamment de leur grandeur militaire, ils sont grands par eux-mêmes.

L'influence de la paix se fit-elle sentir sur les deux armées de la même manière, les résultats seraient encore différents.

Quand les officiers d'une armée aristocratique ont perdu l'esprit guerrier et le désir de s'élever par les armes, il leur reste encore un certain respect pour l'honneur de leur ordre, et une vieille habitude d'être les premiers et de donner l'exemple. Mais lorsque les officiers d'une armée démocratique n'ont plus l'amour de la guerre et l'ambition militaire, il ne reste rien.

Je pense donc qu'un peuple démocratique qui entreprend une guerre après une longue paix, risque beaucoup plus qu'un autre d'être vaincu; mais il ne doit pas se laisser aisément abattre par les revers. Car les chances de son armée s'accroissent par la durée même de la guerre.

Lorsque la guerre, en se prolongeant, a enfin arraché tous les citoyens à leurs travaux paisibles et fait échouer leurs petites entreprises, il arrive que les mêmes passions qui leur faisaient attacher tant de prix à la paix se tournent vers les armes. La guerre, après avoir détruit toutes les industries, devient elle-même la grande et unique industrie, et c'est vers elle seule que se dirigent alors de toutes parts les ardents et ambitieux désirs que l'égalité a fait naître. C'est pourquoi ces mêmes nations démocratiques qu'on a tant de peine à entraîner sur les champs de bataille y font quelquefois des choses prodigieuses, quand on est enfin parvenu à leur mettre les armes à la main.

A mesure que la guerre attire de plus en plus vers l'armée tous les regards, qu'on lui voit créer en peu de temps de grandes réputations et de grandes fortunes, l'élite de la nation prend la carrière des armes ; tous les esprits naturellement entreprenants, fiers et guerriers, que produit non plus seulement l'aristocratie, mais le pays entier, sont entraînés de ce côté.

Le nombre des concurrents aux honneurs militaires étant immense, et la guerre poussant rudement chacun à sa place, il finit toujours par se rencontrer de grands généraux. Une longue guerre produit sur une armée démocratique ce qu'une révolution produit sur le peuple lui-même. Elle brise les règles et fait surgir tous les hommes extraordinaires. Les officiers dont l'âme et le corps ont vieilli dans la paix, sont écartés, se retirent ou meurent. A leur place, se presse une foule d'hommes jeunes que la guerre a déjà endurcis, et dont elle a étendu et enflammé les désirs. Ceux-ci veulent grandir à tout prix et grandir sans cesse ; après eux, en viennent d'autres qui ont mêmes passions et mêmes désirs ; et après ces autres-là, d'autres encore, sans trouver de limites que celles de l'armée. L'égalité permet à tous l'ambition, et la mort se charge de fournir à toutes les ambitions des chances. La mort ouvre sans cesse les rangs, vide les places, ferme la carrière et l'ouvre.

Il y a d'ailleurs entre les mœurs militaires et les mœurs démocratiques un rapport caché que la guerre découvre.

Les hommes des démocraties ont naturellement le désir passionné d'acquérir vite les biens qu'ils convoitent, et d'en jouir aisément. La plupart d'entre eux adorent le hasard, et craignent bien moins la mort que la peine. C'est dans cet esprit qu'ils mènent le commerce et l'industrie; et ce même esprit, transporté par eux sur les champs de bataille, les porte à exposer volontiers leur vie pour s'assurer, en un moment, les prix de la victoire. Il n'y a pas de grandeurs qui satisfassent plus l'imagination d'un peuple démocratique que la grandeur militaire, grandeur brillante et soudaine qu'on obtient sans travail, en ne risquant que sa vie.

Ainsi, tandis que l'intérêt et les goûts écartent de la guerre les citoyens d'une démocratie, les habitudes de leur âme les préparent à la bien faire ; ils deviennent aisément de bons soldats, dès qu'on a pu les arracher à leurs affaires et à leur bien-être.

Si la paix est particulièrement nuisible aux armées démocratiques, la guerre leur assure donc des avantages que les autres armées n'ont jamais;

et ces avantages, bien que peu sensibles d'abord, ne peuvent manquer, à la longue, de leur donner la victoire.

Un peuple aristocratique qui, luttant contre une nation démocratique, ne réussit pas à la ruiner, dès les premières campagnes, risque toujours beaucoup d'être vaincu par elle.

CHAPITRE XXV.

De la discipline dans les armées démocratiques.

———•○•———

C'est une opinion fort répandue, surtout parmi les peuples aristocratiques, que la grande égalité sociale qui règne au sein des démocraties y rend à la longue le soldat indépendant de l'officier, et y détruit ainsi le lien de la discipline.

C'est une erreur. Il y a en effet deux espèces de discipline qu'il ne faut pas confondre.

Quand l'officier est le noble et le soldat le serf; l'un le riche, et l'autre le pauvre; que le premier est éclairé et fort, et le second, ignorant et faible, il est facile d'établir entre ces deux hommes le lien le plus étroit d'obéissance. Le soldat est plié à la discipline militaire avant, pour ainsi dire, que d'entrer dans l'armée, ou plutôt la discipline militaire n'est qu'un perfectionnement de la servitude sociale. Dans les armées aristocratiques, le soldat arrive assez aisément à être comme insensible à toutes choses, excepté à l'ordre de ses chefs. Il agit sans penser, triomphe sans ardeur, et meurt sans se plaindre. En cet état, ce n'est plus un homme, mais c'est encore un animal très-redoutable dressé à la guerre.

Il faut que les peuples démocratiques désespèrent d'obtenir jamais de leurs soldats cette obéissance aveugle, minutieuse, résignée et toujours égale, que les peuples aristocratiques leur imposent sans peine. L'état de la société n'y prépare point : ils risqueraient de perdre leurs avantages naturels en voulant acquérir artificiellement ceux-là. Chez les peuples démocratiques, la discipline militaire ne doit pas essayer d'anéantir le libre essor des âmes; elle ne peut aspirer qu'à le diriger ; l'obéissance qu'elle crée est moins exacte, mais plus impétueuse et plus intelligente. Sa racine est dans la volonté même de celui qui obéit ; elle ne s'appuie pas seulement sur son instinct, mais sur sa raison ; aussi se resserre-t-elle souvent d'elle-même à proportion que le péril la rend nécessaire. La discipline d'une armée aristocratique se relâche volontiers dans la guerre, parce que cette discipline se fonde sur les habitudes, et que la guerre trouble ces habitudes. La discipline d'une armée démocratique se raffermit au contraire devant l'ennemi, parce que chaque soldat voit alors très-clairement qu'il faut se taire et obéir pour pouvoir vaincre.

Les peuples qui ont fait les choses les plus considérables par la guerre, n'ont point connu d'autre discipline que celle dont je parle. Chez les anciens, on ne recevait dans les armées que des hommes libres et des citoyens, lesquels différaient peu les uns des autres, et étaient accoutumés à se traiter en égaux. Dans ce sens, on peut dire que les armées de l'antiquité étaient démocratiques, bien qu'elles sortissent du sein de l'aristocratie ; aussi régnait-il dans ces armées une sorte de confraternité familière entre l'officier et le soldat. On s'en convainc en lisant la vie des grands capitaines de Plutarque. Les soldats y parlent sans cesse et fort librement à leurs généraux, et ceux-ci écoutent volontiers les discours de leurs soldats, et y répondent. C'est par des paroles et des exemples, bien plus que par la contrainte et les châtiments, qu'ils les conduisent. On dirait des compagnons autant que des chefs.

Je ne sais si les soldats grecs et romains ont jamais perfectionné au même point que les Russes les petits détails de la discipline militaire; mais cela n'a pas empêché Alexandre de conquérir l'Asie, et Rome le monde.

CHAPITRE XXVI.

Quelques considérations sur la guerre dans les sociétés démocratiques.

Lorsque le principe de l'égalité ne se développe pas seulement chez une nation, mais en même temps chez plusieurs peuples voisins, ainsi que cela se voit de nos jours en Europe, les hommes qui habitent ces pays divers, malgré la disparité des langues, des usages et des lois, se ressemblent toutefois en ce point, qu'ils redoutent également la guerre, et conçoivent pour la paix un même amour (1). En vain, l'ambition ou la colère arme les

---

(1) La crainte que les peuples européens montrent de la guerre ne tient pas seulement au progrès qu'a fait chez eux l'égalité; je n'ai pas be-

princes, une sorte d'apathie et de bienveillance universelle les apaise en dépit d'eux-mêmes, et leur fait tomber l'épée des mains : les guerres deviennent plus rares.

A mesure que l'égalité, se développant à la fois dans plusieurs pays, y pousse simultanément vers l'industrie et le commerce les hommes qui les habitent, non seulement leurs goûts se ressemblent, mais leurs intérêts se mêlent et s'enchevêtrent, de telle sorte qu'aucune nation ne peut infliger aux autres des maux qui ne retombent pas sur elle-même, et que toutes finissent par considérer la guerre comme une calamité, presque aussi grande pour le vainqueur que pour le vaincu.

Ainsi, d'un côté, il est très-difficile, dans les siècles démocratiques, d'entraîner les peuples à se combattre; mais, d'une autre part, il est presque impossible que deux d'entre eux se fassent isolément la guerre. Les intérêts de tous sont si enlacés, leurs opinions et leurs besoins si semblables qu'aucun ne saurait se tenir en repos, quand les autres s'agitent. Les guerres deviennent donc plus rares ; mais, lorsqu'elles naissent, elles ont un champ plus vaste.

soin, je pense, de le faire remarquer au lecteur. Indépendamment de cette cause permanente, il y en a plusieurs accidentelles qui sont très-puissantes. Je citerai, avant toutes les autres, la lassitude extrême que les guerres de la révolution et de l'empire ont laissée.

Des peuples démocratiques qui s'avoisinent ne deviennent pas seulement semblables sur quelques points, ainsi que je viens de le dire; ils finissent par se ressembler sur presque tous (1).

Or, cette similitude des peuples a, quant à

(1) Cela ne vient pas uniquement de ce que ces peuples ont le même état social, mais de ce que ce même état social est tel qu'il porte naturellement les hommes à s'imiter et à se confondre.

Lorsque les citoyens sont divisés en castes et en classes, non seulement ils diffèrent les uns des autres, mais ils n'ont ni le goût ni le désir de se ressembler; chacun cherche, au contraire, de plus en plus, à garder intactes ses opinions et ses habitudes propres et à rester soi. L'esprit d'individualité est très-vivace.

Quand un peuple a un état social démocratique, c'est-à-dire qu'il n'existe plus dans son sein de castes ni de classes, et que tous les citoyens y sont à peu près égaux en lumières et en biens, l'esprit humain chemine en sens contraires. Les hommes se ressemblent, et de plus ils souffrent, en quelque sorte, de ne pas se ressembler. Loin de vouloir conserver ce qui peut encore singulariser chacun d'eux, ils ne demandent qu'à le perdre pour se confondre dans la masse commune, qui seule représente à leurs yeux le droit et la force. L'esprit d'individualité est presque détruit.

Dans les temps d'aristocratie, ceux même qui sont naturellement pareils aspirent à créer entre eux des différences imaginaires. Dans les temps de démocratie, ceux même qui naturellement ne se ressemblent pas ne demandent qu'à devenir semblables et se copient, tant l'esprit de chaque homme est toujours entraîné dans le mouvement général de l'humanité.

Quelque chose de semblable se fait également remarquer de peuple à peuple. Deux peuples auraient le même état social aristocratique, qu'ils pourraient rester fort distincts et très-différents, parce que l'esprit de l'aristocratie est de s'individualiser. Mais deux peuples voisins ne sauraient avoir un même état social démocratique, sans adopter aussitôt des opinions et des mœurs semblables, parce que l'esprit de démocratie fait tendre les hommes à s'assimiler.

la guerre, des conséquences très-importantes.

Lorsque je me demande pourquoi la confédération helvétique du quinzième siècle faisait trembler les plus grandes et les plus puissantes nations de l'Europe, tandis que, de nos jours, son pouvoir est en rapport exact avec sa population, je trouve que les Suisses sont devenus semblables à tous les hommes qui les environnent, et ceux-ci aux Suisses; de telle sorte que, le nombre seul faisant entre eux la différence, aux plus gros bataillons appartient nécessairement la victoire. L'un des résultats de la révolution démocratique qui s'opère en Europe, est donc de faire prévaloir, sur tous les champs de bataille, la force numérique, et de contraindre toutes les petites nations à s'incorporer aux grandes, ou du moins à entrer dans la politique de ces dernières.

La raison déterminante de la victoire étant le nombre, il en résulte que chaque peuple doit tendre de tous ses efforts à amener le plus d'hommes possible sur le champ de bataille.

Quand on pouvait enrôler sous les drapeaux une espèce de troupes supérieure à toutes les autres, comme l'infanterie suisse ou la chevalerie française du seizième siècle, on n'estimait pas avoir besoin de lever de très-grosses armées; mais il n'en est plus ainsi quand tous les soldats se valent.

La même cause qui fait naître ce nouveau besoin fournit aussi les moyens de le satisfaire. Car, ainsi que je l'ai dit, quand tous les hommes sont semblables, ils sont tous faibles. Le pouvoir social est naturellement beaucoup plus fort chez les peuples démocratiques que partout ailleurs. Ces peuples, en même temps qu'ils sentent le désir d'appeler toute leur population virile sous les armes, ont donc la faculté de l'y réunir : ce qui fait que dans les siècles d'égalité les armées semblent croître à mesure que l'esprit militaire s'éteint.

Dans les mêmes siècles, la manière de faire la guerre change aussi par les mêmes causes.

Machiavel dit dans son livre du Prince « qu'il « est bien plus difficile de subjuguer un peuple qui « a pour chefs un prince et des barons, qu'une na-« tion qui est conduite par un prince et des es-« claves. » Mettons, pour n'offenser personne, des fonctionnaires publics au lieu d'esclaves, et nous aurons une grande vérité, fort applicable à notre sujet.

Il est très-difficile à un grand peuple aristocratique de conquérir ses voisins et d'être conquis par eux. Il ne saurait les conquérir, parce qu'il ne peut jamais réunir toutes ses forces et les tenir long-temps ensemble; et il ne peut être conquis, parce que l'ennemi trouve partout de petits foyers de résistance qui l'arrêtent. Je comparerai la guerre dans un pays aristocratique à la guerre dans un pays des montagnes : les vaincus trouvent à chaque instant l'occasion de se rallier dans de nouvelles positions et d'y tenir ferme.

Le contraire précisément se fait voir chez les nations démocratiques.

Celles-ci amènent aisément toutes leurs forces disponibles sur le champ de bataille, et, quand la nation est riche et nombreuse, elle devient aisément conquérante ; mais une fois qu'on l'a vaincue et qu'on pénètre sur son territoire, il lui reste peu de ressources, et, si l'on vient jusqu'à s'emparer de sa capitale, la nation est perdue. Cela s'explique très-bien : chaque citoyen étant individuellement très-isolé et très-faible, nul ne peut ni se défendre soi-même, ni présenter à d'autres un point d'appui. Il n'y a de fort dans un pays démocratique que l'état ; la force militaire de l'état étant détruite par la destruction de son armée, et son pouvoir civil paralysé par la prise de sa capitale, le reste ne forme plus qu'une multitude sans règle et sans force qui ne peut lutter contre la puissance organisée qui l'attaque ; je sais qu'on peut rendre le péril moindre en créant des libertés et par conséquent des existences provinciales ; mais ce remède sera toujours insuffisant.

Non-seulement la population ne pourra plus alors continuer la guerre, mais il est à craindre qu'elle ne veuille pas le tenter.

D'après le droit des gens adopté par les nations civilisées, les guerres n'ont pas pour but de s'approprier les biens des particuliers, mais seulement de s'emparer du pouvoir politique. On ne détruit la propriété privée que par occasion et pour atteindre le second objet.

Lorsqu'une nation aristocratique est envahie après la défaite de son armée, les nobles, quoiqu'ils soient en même temps les riches, aiment mieux continuer individuellement à se défendre que de se soumettre; car, si le vainqueur restait maître du pays, il leur enlèverait leur pouvoir politique, auquel ils tiennent plus encore qu'à leurs biens : ils préfèrent donc les combats à la conquête, qui est pour eux le plus grand des malheurs, et ils entraînent aisément avec eux le peuple, parce que le peuple a contracté le long usage de les suivre et de leur obéir, et n'a d'ailleurs presque rien à risquer dans la guerre.

Chez une nation où règne l'égalité des conditions, chaque citoyen ne prend, au contraire, qu'une petite part au pouvoir politique, et souvent n'y prend point de part; d'un autre côté, tous sont indépendants et ont des biens à perdre; de telle sorte qu'on y craint bien moins la conquête et bien plus la guerre que chez un peuple aristocratique. Il sera toujours très-difficile de déterminer une population démocratique à prendre les armes quand la guerre sera portée sur son territoire. C'est pourquoi il est si nécessaire de donner à ces peuples des droits et un esprit politique qui suggère à chaque citoyen quelques-uns des intérêts qui font agir les nobles dans les aristocraties.

Il faut bien que les princes et les autres chefs des nations démocratiques se le rappellent : il n'y a que la passion et l'habitude de la liberté qui puissent lutter avec avantage contre l'habitude et la passion du bien-être. Je n'imagine rien de mieux préparé, en cas de revers, pour la conquête, qu'un peuple démocratique qui n'a pas d'institutions libres.

On entrait jadis en campagne avec peu de soldats; on livrait de petits combats et l'on faisait de longs siéges. Maintenant on livre de grandes batailles, et, dès qu'on peut marcher librement devant soi, on court sur la capitale, afin de terminer la guerre d'un seul coup.

Napoléon a inventé, dit-on, ce nouveau système. Il ne dépendait pas d'un homme, quel qu'il fût, d'en créer un semblable. La manière dont Napoléon a fait la guerre lui a été suggérée par l'état de la société de son temps, et elle lui a réussi parce qu'elle était merveilleusement appropriée à cet état, et qu'il la mettait pour la première fois en usage. Napoléon est le premier qui ait parcouru à la tête d'une armée le chemin de toutes les capitales. Mais c'est la ruine de la société féodale qui lui avait ouvert cette route. Il est permis de croire que, si cet homme extraordinaire fût né il y a trois cents ans, il n'eût pas retiré les mêmes fruits de sa méthode, ou plutôt il aurait eu une autre méthode.

Je n'ajouterai plus qu'un mot relatif aux guerres civiles, car je crains de fatiguer la patience du lecteur.

La plupart des choses que j'ai dites à propos des guerres étrangères, s'applique à plus forte raison aux guerres civiles. Les hommes qui vivent dans les pays démocratiques n'ont pas naturellement l'esprit militaire : ils le prennent quelquefois lorsqu'on les a entraînés malgré eux sur les champs de bataille ; mais se lever en masse de soi-même et s'exposer volontairement aux misères que la guerre et surtout que la guerre civile entraîne, c'est un parti auquel l'homme des démocraties ne se résout point. Il n'y a que les citoyens les plus aventureux qui consentent à se jeter dans un semblable hasard ; la masse de la population demeure immobile.

Alors même qu'elle voudrait agir, elle n'y parviendrait pas aisément ; car elle ne trouve pas dans son sein d'influences anciennes et bien établies auxquelles elle veuille se soumettre, point de chefs déjà connus pour rassembler les mécontents, les régler et les conduire; point de pouvoirs politiques placés au-dessous du pouvoir national, et qui viennent appuyer efficacement la résistance qu'on lui oppose.

Dans les contrées démocratiques, la puissance morale de la majorité est immense, et les forces matérielles dont elles disposent hors de proportion avec celles qu'il est d'abord possible de réunir contre elles. Le parti qui est assis sur le siége de la majorité, qui parle en son nom et emploie son pouvoir, triomphe donc, en un moment et sans peine, de toutes les résistances particulières. Il ne leur laisse pas même le temps de naître; il en écrase le germe.

Ceux qui, chez ces peuples, veulent faire une révolution par les armes, n'ont donc d'autres ressources que de s'emparer à l'improviste de la machine toute montée du gouvernement, ce qui peut s'exécuter par un coup de main plutôt que par une guerre; car, du moment où il y a guerre en règle, le parti qui représente l'état est presque toujours sûr de vaincre.

Le seul cas où une guerre civile pourrait naître serait celui où, l'armée se divisant, une portion lèverait l'étendard de la révolte et l'autre resterait fidèle. Une armée forme une petite société fort étroitement liée et très-vivace, qui est en état de se suffire quelque temps à elle-même. La guerre pourrait être sanglante; mais elle ne serait pas longue; car, ou l'armée révoltée attirerait à elle le gouvernement par la seule démonstration de ses forces, ou par sa première victoire, et la guerre serait finie; ou bien la lutte s'engagerait, et la portion de l'armée qui ne s'appuierait pas sur la puissance organiséee de l'état, ne tarderait pas à se disperser d'elle-même ou à être détruite.

On peut donc admettre comme vérité générale que dans les siècles d'égalité, les guerres civiles deviendront beaucoup plus rares et plus courtes (1).

(1) Il est bien entendu que je parle ici des nations démocratiques *uniques*, et non point des nations démocratiques confédérées. Dans les confédérations, le pouvoir prépondérant résidant toujours, malgré les fictions, dans les gouvernements d'état et non dans le gouvernement fédéral, les guerres civiles ne sont que des guerres étrangères déguisées.

QUATRIÈME PARTIE.

DE L'INFLUENCE QU'EXERCENT LES IDÉES ET LES SENTIMENTS DÉMOCRATIQUES SUR LA SOCIÉTÉ POLITIQUE.

———•••———

Je remplirais mal l'objet de ce livre si, après avoir montré les idées et les sentiments que l'égalité suggère, je ne faisais voir, en terminant, quelle est l'influence générale que ces mêmes sentiments et ces mêmes idées peuvent exercer sur le gouvernement des sociétés humaines.

Pour y réussir, je serai obligé de revenir souvent sur mes pas. Mais j'espère que le lecteur ne refusera pas de me suivre, lorsque des chemins qui lui sont connus le conduiront vers quelque vérité nouvelle.

CHAPITRE I.

L'égalité donne naturellement aux hommes le goût des institutions libres.

L'égalité qui rend les hommes indépendants les uns des autres, leur fait contracter l'habitude et le goût de ne suivre, dans leurs actions particulières, que leur volonté. Cette entière indépendance dont ils jouissent continuellement vis à vis de leurs égaux et dans l'usage de la vie privée les dispose à considérer d'un œil mécontent toute autorité, et leur suggère bientôt l'idée et l'amour de la liberté politique. Les hommes qui vivent dans ces temps marchent donc sur une pente naturelle qui les dirige vers les institutions libres. Prenez l'un d'eux au hasard ; remontez, s'il se peut, à ses instincts primitifs : vous découvrirez que, parmi les différents gouvernements, celui qu'il conçoit d'abord, et qu'il prise le plus c'est le gouvernement dont il a élu le chef et dont il contrôle les actes.

De tous les effets politiques que produit l'égalité des conditions, c'est cet amour de l'indépendance qui frappe le premier les regards et dont les esprits timides s'effraient davantage, et l'on ne peut dire qu'ils aient absolument tort de le faire, car l'anarchie a des traits plus effrayants dans les pays démocratiques qu'ailleurs. Comme les citoyens n'ont aucune action les uns sur les autres, à l'instant où le pouvoir national qui les contient tous à leur place vient à manquer, il semble que le désordre doit être aussitôt à son comble, et que, chaque citoyen s'écartant de son côté, le corps social va tout à coup se trouver réduit en poussière.

Je suis convaincu toutefois que l'anarchie n'est pas le mal principal que les siècles démocratiques doivent craindre, mais le moindre.

L'égalité produit, en effet, deux tendances : l'une mène directement les hommes à l'indépendance, et peut les pousser tout à coup jusqu'à l'anarchie ; l'autre les conduit, par un chemin plus long, plus secret, mais plus sûr, vers la servitude.

Les peuples voient aisément la première et y résistent ; ils se laissent entraîner par l'autre sans la voir; il importe donc particulièrement de la montrer.

Pour moi, loin de reprocher à l'égalité l'indocilité qu'elle inspire, c'est de cela principalement que je la loue. Je l'admire en lui voyant déposer au fond de l'esprit et du cœur de chaque homme cette notion obscure et ce penchant instinctif de l'indépendance politique, préparant ainsi le remède au mal qu'elle fait naître. C'est par ce côté que je m'attache à elle.

CHAPITRE II.

Que les idées des peuples démocratiques en matière de gouvernement sont naturellement favorables à la concentration des pouvoirs.

L'idée de pouvoirs secondaires, placés entre le souverain et les sujets, se présentait naturellement à l'imagination des peuples aristocratiques, parce qu'ils renfermaient dans leur sein des individus ou des familles que la naissance, les lumières, les richesses, tenaient hors de pair, et semblaient destiner à commander. Cette même idée est naturellement absente de l'esprit des hommes dans les siècles d'égalité par des raisons contraires; on ne peut l'y introduire qu'artificiellement, et on ne l'y relient qu'avec peine; tandis qu'ils conçoivent, pour ainsi dire sans y penser, l'idée d'un pouvoir unique et central qui mène tous les citoyens par lui-même.

En politique, d'ailleurs, comme en philosophie et en religion, l'intelligence des peuples démocratiques reçoit avec délices les idées simples et générales. Les systèmes compliqués la repoussent, et elle se plaît à imaginer une grande nation dont tous les citoyens ressemblent à un seul modèle et sont dirigés par un seul pouvoir.

Après l'idée d'un pouvoir unique et central, celle qui se présente le plus spontanément à l'esprit des hommes dans les siècles d'égalité est l'idée d'une législation uniforme. Comme chacun d'eux se voit peu différent de ses voisins, il comprend mal pourquoi la règle qui est applicable à un homme ne le serait pas également à tous les autres. Les moindres priviléges répugnent donc à sa raison. Les plus légères dissemblances dans les institutions politiques du même peuple le blessent, et l'uniformité législative lui paraît être la condition première d'un bon gouvernement.

Je trouve, au contraire, que cette même notion d'une règle uniforme, également imposée à tous les membres du corps social, est comme étrangère à l'esprit humain dans les siècles aristocratiques. Il ne la reçoit point ou il la rejette.

Ces penchants opposés de l'intelligence finissent, de part et d'autre, par devenir des instincts si aveugles et des habitudes si invincibles qu'ils dirigent encore les actions, en dépit des faits particuliers. Il se rencontrait quelquefois, malgré l'immense variété du moyen âge, des individus parfaitement semblables : ce qui n'empêchait pas que le législateur n'assignât à chacun d'eux des devoirs divers et des droits différents. Et, au contraire, de nos jours, des gouvernements s'épuisent, afin d'imposer les mêmes usages et les mêmes lois à des populations qui ne se ressemblent point encore.

A mesure que les conditions s'égalisent chez un peuple, les individus paraissent plus petits et la société semble plus grande, ou plutôt chaque citoyen, devenu semblable à tous les autres, se perd dans la foule, et l'on n'aperçoit plus que la vaste et magnifique image du peuple lui-même.

Cela donne naturellement aux hommes des temps démocratiques une opinion très-haute des priviléges de la société, et une idée fort humble des droits de l'individu. Ils admettent aisément que l'intérêt de l'un est tout et que celui de l'autre n'est rien. Ils accordent assez volontiers que le pouvoir qui représente la société possède beaucoup plus de lumières et de sagesse qu'aucun des hommes qui le composent, et que son devoir, aussi bien que son droit, est de prendre chaque citoyen par la main et de le conduire.

Si l'on veut bien examiner de près nos contemporains, et percer jusqu'à la racine de leurs opinions politiques, on y retrouvera quelques-unes des idées que je viens de reproduire, et l'on s'étonnera peut-être de rencontrer tant d'accord parmi des gens qui se font si souvent la guerre.

Les Américains croient que, dans chaque État, le pouvoir social doit émaner directement du peuple; mais, une fois que ce pouvoir est constitué, ils ne lui imaginent, pour ainsi dire, point de limites; ils reconnaissent volontiers qu'il a le droit de tout faire.

Quant à des priviléges particuliers accordés à des villes, à des familles, ou à des individus, ils en ont perdu jusqu'à l'idée. Leur esprit n'a jamais prévu qu'on pût ne pas appliquer uniformément la même loi à toutes les parties du même État et à tous les hommes qui l'habitent.

Ces mêmes opinions se répandent de plus en plus en Europe; elles s'introduisent dans le sein même des nations qui repoussent le plus violemment le dogme de la souveraineté du peuple. Celles-ci donnent au pouvoir une autre origine que les Américains; mais elles envisagent le pouvoir sous les mêmes traits. Chez toutes, la notion de puissance intermédiaire s'obscurcit et s'efface. L'idée d'un droit inhérent à certains individus disparaît rapidement de l'esprit des hommes; l'idée du droit tout puissant et pour ainsi dire unique de la société vient remplir sa place. Ces idées s'enracinent et croissent à mesure que les conditions deviennent plus égales et les hommes plus semblables; l'égalité les fait naître, et elles hâtent à leur tour les progrès de l'égalité.

En France, où la révolution dont je parle est plus avancée que chez aucun autre peuple de l'Europe, ces mêmes opinions se sont entièrement emparées de l'intelligence. Qu'on écoute attentivement la voix de nos différents partis, on verra qu'il n'y en a point qui ne les adopte. La plupart estiment que le gouvernement agit mal; mais tous pensent que le gouvernement doit sans cesse agir et mettre à tout la main. Ceux mêmes qui se font le plus rudement la guerre ne laissent pas de s'accorder sur ce point. L'unité, l'ubiquité, l'omnipotence du pouvoir social, l'uniformité de ses règles, forment le trait saillant qui caractérise tous les systèmes politiques enfantés de nos jours. On les retrouve au fond des plus bizarres utopies. L'esprit humain poursuit encore ces images quand il rêve.

Si de pareilles idées se présentent spontanément

à l'esprit des particuliers, elles s'offrent plus volontiers encore à l'imagination des princes.

Tandis que le vieil état social de l'Europe s'altère et se dissout, les souverains se font sur leurs facultés et sur leurs devoirs des croyances nouvelles; ils comprennent pour la première fois que la puissance centrale qu'ils représentent peut et doit administrer par elle-même, et sur un plan uniforme, toutes les affaires et tous les hommes. Cette opinion qui, j'ose le dire, n'avait jamais été conçue avant notre temps par les rois de l'Europe, pénètre au plus profond de l'intelligence de ces princes; elle s'y tient ferme au milieu de l'agitation de toutes les autres.

Les hommes de nos jours sont donc bien moins divisés qu'on ne l'imagine; ils se disputent sans cesse pour savoir dans quelles mains la souveraineté sera remise; mais ils s'entendent aisément sur les devoirs et sur les droits de la souveraineté. Tous conçoivent le gouvernement sous l'image d'un pouvoir unique, simple, providentiel et créateur.

Toutes les idées secondaires, en matière politique, sont mouvantes; celle-là reste fixe, inaltérable, pareille à elle-même. Les publicistes et les hommes d'État l'adoptent; la foule la saisit avidement; les gouvernés et les gouvernants s'accordent à la poursuivre avec la même ardeur : elle vient la première ; elle semble innée.

Elle ne sort donc point d'un caprice de l'esprit humain, mais elle est une condition naturelle de l'état actuel des hommes.

CHAPITRE III.

Que les sentiments des peuples démocratiques sont d'accord avec leurs idées pour les porter à concentrer le pouvoir.

Si, dans les siècles d'égalité, les hommes perçoivent aisément l'idée d'un grand pouvoir central, on ne saurait douter, d'autre part, que leurs habitudes et leurs sentiments ne les prédisposent à reconnaître un pareil pouvoir et à lui prêter la main. La démonstration de ceci peut être faite en peu de mots, la plupart des raisons ayant été déjà données ailleurs.

Les hommes qui habitent les pays démocratiques n'ayant ni supérieurs, ni inférieurs, ni associés habituels et nécessaires, se replient volontiers sur eux-mêmes et se considèrent isolément. J'ai eu occasion de le montrer fort au long quand il s'est agi de l'individualisme.

Ce n'est donc jamais qu'avec effort que ces hommes s'arrachent à leurs affaires particulières, pour s'occuper des affaires communes; leur pente naturelle est d'en abandonner le soin au seul représentant visible et permanent des intérêts collectifs, qui est l'État.

Non seulement ils n'ont pas naturellement le goût de s'occuper du public, mais souvent le temps leur manque pour le faire. La vie privée est si active dans les temps démocratiques, si agitée, si remplie de désirs, de travaux, qu'il ne reste presque plus d'énergie ni de loisir à chaque homme pour la vie politique.

Que de pareils penchants ne soient pas invincibles, ce n'est point moi qui le nierai, puisque mon but principal en écrivant ce livre a été de les combattre. Je soutiens seulement que, de nos jours, une force secrète les développe sans cesse dans le cœur humain, et qu'il suffit de ne point les arrêter pour qu'ils le remplissent.

J'ai également eu l'occasion de montrer comment l'amour croissant du bien-être et la nature mobile de la propriété faisaient redouter aux peuples démocratiques le désordre matériel. L'amour de la tranquillité publique est souvent la seule passion politique que conservent ces peuples, et elle devient chez eux plus active et plus puissante à mesure que toutes les autres s'affaissent et meurent; cela dispose naturellement les citoyens à donner sans cesse ou à laisser prendre de nouveaux droits au pouvoir central, qui seul leur semble avoir l'intérêt et le moyen de les défendre de l'anarchie en se défendant lui-même.

Comme, dans les siècles d'égalité, nul n'est obligé de prêter sa force à son semblable, et nul n'a droit d'attendre de son semblable un grand appui; chacun est tout à la fois indépendant et faible. Ces deux états, qu'il ne faut jamais envisager séparément ni confondre, donnent au citoyen des démocraties des instincts fort contraires. Son indépendance le remplit de confiance et d'orgueil au sein de ses égaux, et sa débilité lui fait sentir, de temps en temps, le besoin d'un secours étranger qu'il ne peut attendre d'aucun d'eux, puisqu'ils sont tous impuissants et froids. Dans cette extrémité, il tourne naturellement ses regards vers cet être immense qui seul s'élève au milieu de l'abaissement universel. C'est vers lui que ses besoins et surtout ses désirs le ramènent sans cesse, et c'est lui qu'il finit par envisager comme le soutien unique et nécessaire de la faiblesse individuelle (1).

(1) Dans les sociétés démocratiques, il n'y a que le pouvoir central qui ait

Ceci achève de faire comprendre ce qui se passe souvent chez les peuples démocratiques, où l'on voit les hommes qui supportent si malaisément des supérieurs, souffrir patiemment un maître, et se montrer tout à la fois fiers et serviles.

La haine que les hommes portent au privilége s'augmente à mesure que les priviléges deviennent plus rares et moins grands, de telle sorte qu'on di-

---

quelque stabilité dans son assiette et quelque permanence dans ses entreprises. Tous les citoyens remuent sans cesse et se transforment. Or, il est dans la nature de tout gouvernement de vouloir agrandir continuellement sa sphère. Il est donc bien difficile qu'à la longue celui-ci ne parvienne pas à réussir, puisqu'il agit avec une pensée fixe et une volonté continue sur des hommes dont la position, les idées et les désirs varient tous les jours.

Souvent il arrive que les citoyens travaillent pour lui sans le vouloir.

Les siècles démocratiques sont des temps d'essais, d'innovations et d'aventures. Il s'y trouve toujours une multitude d'hommes qui sont engagés dans une entreprise difficile ou nouvelle qu'ils poursuivent à part, sans s'embarrasser de leurs semblables. Ceux-là admettent bien, pour principe général, que la puissance publique ne doit pas intervenir dans les affaires privées ; mais, par exception, chacun d'eux désire qu'elle l'aide dans l'affaire spéciale qui le préoccupe et cherche à attirer l'action du gouvernement de son côté, tout en voulant la resserrer de tous les autres. Une multitude de gens ayant à la fois sur une foule d'objets différents cette vue particulière, la sphère du pouvoir central s'étend insensiblement de toutes parts, bien que chacun d'eux souhaite de la restreindre.

Un gouvernement démocratique accroît donc ses attributions par le seul fait qu'il dure. Le temps travaille pour lui ; tous les accidents lui profitent ; les passions individuelles l'aident à leur insu même, et l'on peut dire qu'il devient d'autant plus centralisé que la société démocratique est plus vieille.

rait que les passions démocratiques s'enflamment davantage dans le temps même où elles trouvent le moins d'aliments. J'ai déjà donné la raison de ce phénomène. Il n'y a pas de si grande inégalité qui blesse les regards lorsque toutes les conditions sont inégales; tandis que la plus petite dissemblance paraît choquante au sein de l'uniformité générale; la vue en devient plus insupportable à mesure que l'uniformité est plus complète. Il est donc naturel que l'amour de l'égalité croisse sans cesse avec l'égalité elle-même; en le satisfaisant on le développe.

Cette haine immortelle et de plus en plus allumée, qui anime les peuples démocratiques contre les moindres priviléges, favorise singulièrement la concentration graduelle de tous les droits politiques dans les mains du seul représentant de l'état. Le souverain, étant nécessairement et sans contestation au-dessus de tous les citoyens, n'excite l'envie d'aucun d'eux, et chacun croit enlever à ses égaux toutes les prérogatives qu'il lui concède.

L'homme des siècles démocratiques n'obéit qu'avec une extrême répugnance à son voisin qui est son égal; il refuse de reconnaître à celui-ci des lumières supérieures aux siennes; il se défie de sa justice et voit avec jalousie son pouvoir; il le craint et le méprise; il aime à lui faire sentir à chaque instant la commune dépendance où ils sont tous les deux du même maître.

Toute puissance centrale qui suit ses instincts naturels aime l'égalité et la favorise ; car l'égalité facilite singulièrement l'action d'une semblable puissance, l'étend et l'assure.

On peut dire également que tout gouvernement central adore l'uniformité; l'uniformité lui évite l'examen d'un infinité de détails dont il devrait s'occuper, s'il fallait faire la règle pour les hommes, au lieu de faire passer indistinctement tous les hommes sous la même règle. Ainsi, le gouvernement aime ce que les citoyens aiment, et il hait naturellement ce qu'ils haïssent. Cette communauté de sentiments qui, chez les nations démocratiques, unit continuellement dans une même pensée chaque individu et le souverain établit entre eux une secrète et permanente sympathie. On pardonne au gouvernement ses fautes en faveur de ses goûts; la confiance publique ne l'abandonne qu'avec peine au milieu de ses excès ou de ses erreurs, et elle revient à lui dès qu'il la rappelle. Les peuples démocratiques haïssent souvent les dépositaires du pouvoir central ; mais ils aiment toujours ce pouvoir lui-même.

Ainsi, je suis parvenu par deux chemins divers au même but. J'ai montré que l'égalité suggérait aux hommes la pensée d'un gouvernement unique uniforme et fort. Je viens de faire voir qu'elle leur en donne le goût ; c'est donc vers un gouvernement de cette espèce que tendent les nations de nos jours. La pente naturelle de leur esprit et de leur cœur les y mène, et il leur suffit de ne point se retenir pour qu'elles y arrivent.

Je pense que dans les siècles démocratiques qui vont s'ouvrir, l'indépendance individuelle et les libertés locales seront toujours un produit de l'art. La centralisation sera le gouvernement naturel.

CHAPITRE IV.

De quelques causes particulières et accidentelles qui achèvent de porter un peuple démocratique à centraliser le pouvoir ou qui l'en détournent.

Si tous les peuples démocratiques sont entraînés instinctivement vers la centralisation des pouvoirs, ils y tendent d'une manière inégale. Cela dépend des circonstances particulières qui peuvent développer ou restreindre les effets naturels de l'état social. Ces circonstances sont en très-grand nombre; je ne parlerai que de quelques-unes.

Chez des hommes qui ont longtemps vécu libres avant de devenir égaux, les instincts que la liberté avait donnés combattent jusqu'à un certain point les penchants que suggère l'égalité; et, bien que parmi eux le pouvoir central accroisse ses priviléges, les particuliers n'y perdent jamais entièrement leur indépendance.

Mais quand l'égalité vient à se développer chez un peuple qui n'a jamais connu ou qui ne connaît plus depuis longtemps la liberté, ainsi que cela se voit sur le continent de l'Europe, les anciennes habitudes de la nation arrivant à se combiner subitement et par une sorte d'attraction naturelle avec les habitudes et les doctrines nouvelles que fait naître l'état social, tous les pouvoirs semblent accourir d'eux-mêmes vers le centre; ils s'y accumulent avec une rapidité surprenante, et l'État atteint tout d'un coup les extrêmes limites de sa force, tandis que les particuliers se laissent tomber en un moment jusqu'au dernier degré de la faiblesse.

Les Anglais qui vinrent, il y a trois siècles, fonder dans les déserts du Nouveau-Monde une société démocratique, s'étaient tous habitués dans la mère-patrie à prendre part aux affaires publiques; ils connaissaient le jury; ils avaient la liberté de la parole et celle de la presse, la liberté individuelle, l'idée du droit et l'usage d'y recourir. Ils transportèrent en Amérique ces institutions libres et ces mœurs viriles, et elles les soutinrent contre les envahissements de l'État.

Chez les Américains, c'est donc la liberté qui est ancienne ; l'égalité est comparativement nouvelle. Le contraire arrive en Europe, où l'égalité introduite par le pouvoir absolu, et sous l'œil des rois, avait déjà pénétré dans les habitudes des peuples longtemps avant que la liberté ne fût entrée dans leurs idées.

J'ai dit que chez les peuples démocratiques le gouvernement ne se présentait naturellement à l'esprit humain que sous la forme d'un pouvoir unique et central, et que la notion des pouvoirs intermédiaires ne lui était pas familière. Cela est particulièrement applicable aux nations démocratiques qui ont vu le principe de l'égalité triompher à l'aide d'une révolution violente. Les classes qui dirigeaient les affaires locales disparaissant tout à coup dans cette tempête, et la masse confuse qui reste n'ayant encore ni l'organisation ni les habitudes qui lui permettent de prendre en main l'administration de ces mêmes affaires, on n'aperçoit plus que l'état lui-même qui puisse se charger de tous les détails du gouvernement. La centralisation devient un fait en quelque sorte nécessaire.

Il ne faut ni louer ni blâmer Napoléon d'avoir concentré dans ses seules mains presque tous les pouvoirs administratifs ; car, après la brusque disparition de la noblesse et de la haute bourgeoisie, ces pouvoirs lui arrivaient d'eux-mêmes ; il lui eût été presque aussi difficile de les repousser que de les prendre. Une semblable nécessité ne s'est jamais fait sentir aux Américains, qui, n'ayant point eu de révolution et s'étant, dès l'origine, gouvernés eux-mêmes, n'ont jamais dû charger l'état de leur servir momentanément de tuteur.

Ainsi la centralisation ne se développe pas seulement chez un peuple démocratique suivant le progrès de l'égalité, mais encore suivant la manière dont cette égalité se fonde.

Au commencement d'une grande révolution démocratique, et quand la guerre entre les différentes classes ne fait que de naître, le peuple s'efforce de centraliser l'administration publique dans les mains du gouvernement, afin d'arracher la direction des affaires locales à l'aristocratie. Vers la fin de cette même révolution, au contraire, c'est d'ordinaire l'aristocratie vaincue qui tâche de livrer à l'État la direction de toutes les affaires, parce qu'elle redoute la menue tyrannie du peuple, devenu son égal et souvent son maître.

Ainsi ce n'est pas toujours la même classe de citoyens qui s'applique à accroître les prérogatives du pouvoir; mais, tant que dure la révolution démocratique, il se rencontre toujours dans la nation une classe puissante par le nombre ou par la richesse, que des passions spéciales et des intérêts particuliers portent à centraliser l'administration publique, indépendamment de la haine pour le gouvernement du voisin, qui est un sentiment général et permanent chez les peuples démocratiques. On peut remarquer que, de notre temps, ce sont les classes inférieures d'Angleterre qui travaillent de toutes leurs forces à détruire l'indépendance locale et à transporter l'administration de tous les points de la circonférence au centre, tandis que les classes supérieures s'efforcent de retenir cette même administration dans ses anciennes limites. J'ose prédire qu'un jour viendra où l'on verra un spectacle tout contraire.

Ce qui précède fait bien comprendre pourquoi le pouvoir social doit toujours être plus fort et l'individu plus faible, chez un peuple démocratique qui est arrivé à l'égalité par un long et pénible travail social, que dans une société démocratique, où, depuis l'origine, les citoyens ont toujours été égaux. C'est ce que l'exemple des Américains achève de prouver.

Les hommes qui habitent les États-Unis n'ont jamais été séparés par aucun privilége; ils n'ont jamais connu la relation réciproque d'inférieur et de maître, et, comme ils ne se redoutent et ne se haïssent point les uns les autres, ils n'ont jamais connu le besoin d'appeler le souverain à diriger le détail de leurs affaires. La destinée des Américains est singulière : ils ont pris à l'aristocratie d'Angleterre l'idée des droits individuels et le goût des libertés locales; et ils ont pu conserver l'une et l'autre, parce qu'ils n'ont pas eu à combattre d'aristocratie.

Si, dans tous les temps, les lumières servent aux hommes à défendre leur indépendance, cela est surtout vrai dans les siècles démocratiques. Il est aisé, quand tous les hommes se ressemblent, de fonder un gouvernement unique et tout puissant; les instincts suffisent. Mais il faut aux hommes beaucoup d'intelligence, de science et d'art, pour organiser et maintenir, dans les mêmes circonstances, des pouvoirs secondaires, et pour créer, au milieu de l'indépendance et de la faiblesse individuelle des citoyens, des associations libres qui soient en état de lutter contre la tyrannie, sans détruire l'ordre.

La concentration des pouvoirs et la servitude individuelle croîtront donc, chez les nations démocratiques, non seulement en proportion de l'égalité, mais en raison de l'ignorance.

Il est vrai que, dans les siècles peu éclairés, le gouvernement manque souvent de lumières pour perfectionner le despotisme, comme les citoyens pour s'y dérober. Mais l'effet n'est point égal des deux parts.

Quelque grossier que soit un peuple démocratique, le pouvoir central qui le dirige n'est jamais complètement privé de lumières, parce qu'il attire aisément à lui le peu qui s'en rencontre dans le pays, et que, au besoin, il va en chercher au dehors. Chez une nation qui est ignorante aussi bien que démocratique, il ne peut donc manquer de se manifester bientôt une différence prodigieuse entre la capacité intellectuelle du souverain et celle de chacun de ses sujets. Cela achève de concentrer aisément dans ses mains tous les pouvoirs. La puissance administrative de l'état s'étend sans cesse, parce qu'il n'y a que lui qui soit assez habile pour administrer.

Les nations aristocratiques, quelque peu éclairées qu'on les suppose, ne donnent jamais le même spectacle, parce que les lumières y sont assez également réparties entre le prince et les principaux citoyens.

Le pacha qui règne aujourd'hui sur l'Égypte a trouvé la population de ce pays composée d'hommes très-ignorants et très-égaux, et il s'est approprié, pour la gouverner, la science et l'intelligence de l'Europe. Les lumières particulières du souverain arrivant ainsi à se combiner avec l'ignorance et la faiblesse démocratique des sujets, le dernier terme de la centralisation a été atteint sans peine, et le prince a pu faire du pays sa manufacture, et des habitants ses ouvriers.

Je crois que la centralisation extrême du pouvoir politique finit par énerver la société, et par affaiblir ainsi à la longue le gouvernement lui-même. Mais je ne nie point qu'une force sociale centralisée ne soit en état d'exécuter aisément, dans un temps donné et sur un point déterminé, de grandes entreprises. Cela est surtout vrai dans la guerre où le succès dépend bien plus de la facilité qu'on trouve à porter rapidement toutes ses ressources sur un certain point, que de l'étendue même de ses ressources. C'est donc principalement dans la guerre que les peuples sentent le désir et souvent le besoin d'augmenter les prérogatives du pouvoir central. Tous les génies guerriers aiment la centralisation qui accroît leurs forces, et tous les génies centralisateurs aiment la guerre, qui oblige les nations à resserrer dans les mains de l'état tous les pouvoirs. Ainsi, la tendance démocratique qui porte les hommes à multiplier sans cesse les priviléges de l'état et à restreindre les droits des particuliers est bien plus rapide et plus continue chez les peuples démocratiques, sujets par leur position à de grandes et fréquentes guerres, et dont l'existence peut souvent être mise en péril, que chez tous les autres.

J'ai dit comment la crainte du désordre et l'amour du bien-être portaient insensiblement les peuples démocratiques à augmenter les attributions du gouvernement central, seul pouvoir qui leur paraisse de lui-même assez fort, assez intelligent, assez stable pour les protéger contre l'anarchie. J'ai à peine besoin d'ajouter que toutes les circonstances particulières qui tendent à rendre l'état d'une société démocratique troublé et précaire, augmente cet instinct général et porte, de plus en plus, les particuliers à sacrifier à leur tranquillité leurs droits.

Un peuple n'est donc jamais si disposé à accroître les attributions du pouvoir central qu'au sortir d'une révolution longue et sanglante qui, après avoir arraché les biens des mains de leurs anciens possesseurs, a ébranlé toutes les croyances, rempli la nation de haines furieuses, d'intérêts opposés et de factions contraires. Le goût de la tranquillité publique devient alors une passion aveugle, et les citoyens sont sujets à s'éprendre d'un amour très-désordonné pour l'ordre.

Je viens d'examiner plusieurs accidents qui tous concourent à aider la centralisation du pouvoir. Je n'ai pas encore parlé du principal.

La première des causes accidentelles qui, chez les peuples démocratiques, peuvent attirer dans les mains du souverain la direction de toutes les affaires, c'est l'origine de ce souverain lui-même et ses penchants.

Les hommes qui vivent dans les siècles d'égalité aiment naturellement le pouvoir central et étendent volontiers ses priviléges; mais s'il arrive que ce même pouvoir représente fidèlement leurs intérêts et reproduise exactement leurs instincts, la confiance qu'ils lui portent n'a presque point de bornes, et ils croient accorder à eux-mêmes tout ce qu'ils lui donnent.

L'attraction des pouvoirs administratifs vers le centre sera toujours moins aisée et moins rapide avec des rois qui tiennent encore par quelque endroit à l'ancien ordre aristocratique, qu'avec des princes nouveaux, fils de leurs œuvres, que leur naissance, leurs préjugés, leurs instincts, leurs habitudes, semblent lier indissolublement à la cause de l'égalité. Je ne veux point dire que les princes d'origine aristocratique qui vivent dans les siècles de démocratie ne cherchent point à centraliser. Je crois qu'ils s'y emploient aussi diligemment que tous les autres. Pour eux, les seuls avantages de l'égalité sont de ce côté; mais leurs facilités sont moindres, parce que les citoyens, au lieu d'aller naturellement au-devant de leurs désirs, ne s'y prêtent souvent qu'avec peine. Dans les sociétés démocratiques, la centralisation sera toujours d'autant plus grande que le souverain sera moins aristocratique; voilà la règle.

Quand une vieille race de rois dirige une aristocratie, les préjugés naturels du souverain se trouvant en parfait accord avec les préjugés naturels des nobles, les vices inhérents aux sociétés aristocratiques se développent librement, et ne trouvent point leur remède. Le contraire arrive quand le rejeton d'une tige féodale est placé à la tête d'un peuple démocratique. Le prince incline, chaque jour, par son éducation, ses habitudes et ses souvenirs, vers les sentiments que l'inégalité des conditions suggère; et le peuple tend sans cesse, par son état social, vers les mœurs que l'égalité fait naître. Il arrive alors souvent que les citoyens cherchent à contenir le pouvoir central, bien moins comme tyrannique que comme aristocratique; et qu'ils maintiennent fermement leur indépendance non seulement parce qu'ils veulent être libres, mais surtout parce qu'ils prétendent rester égaux.

Une révolution qui renverse une ancienne famille de rois pour placer des hommes nouveaux à la tête d'un peuple démocratique, peut affaiblir momentanément le pouvoir central; mais quelque anarchique qu'elle paraisse d'abord, on ne doit point hésiter à prédire que son résultat final et nécessaire sera d'étendre, et d'assurer les prérogatives de ce même pouvoir.

La première et en quelque sorte la seule condition nécessaire pour arriver à centraliser la puissance publique dans une société démocratique est d'aimer l'égalité ou de le faire croire. Ainsi, la science du despotisme, si compliquée jadis, se simplifie : elle se réduit, pour ainsi dire, à un principe unique.

CHAPITRE V.

Que parmi les nations européennes de nos jours, le pouvoir souverain s'accroît, quoique les souverains soient moins stables.

Si l'on vient à réfléchir sur ce qui précède, on sera surpris et effrayé de voir comment, en Europe, tout semble concourir à accroître indéfiniment les prérogatives du pouvoir central et à rendre chaque jour l'existence individuelle plus faible, plus subordonnée et plus précaire.

Les nations démocratiques de l'Europe ont toutes les tendances générales et permanentes qui portent les Américains vers la centralisation des pouvoirs, et, de plus, elles sont soumises à une multitude de causes secondaires et accidentelles que les Américains ne connaissent point. On dirait que chaque pas qu'elles font vers l'égalité les rapproche du despotisme.

Il suffit de jeter les yeux autour de nous et sur nous-mêmes, pour s'en convaincre.

Durant les siècles aristocratiques qui ont précédé le nôtre, les souverains de l'Europe avaient été privés ou s'étaient dessaisis de plusieurs des droits inhérents à leur pouvoir. Il n'y a pas encore cent ans que, chez la plupart des nations européennes, il se rencontrait des particuliers ou des corps presque indépendants qui administraient la justice, levaient et entretenaient des soldats, percevaient des impôts, et souvent même faisaient ou expliquaient la loi. L'état a partout repris pour lui seul ces attributs naturels de la puissance souveraine; dans tout ce qui a rapport au gouvernement, il ne souffre plus d'intermédiaire entre lui et les citoyens, et il les dirige par lui-même dans les affaires générales. Je suis bien loin de blâmer cette concentration des pouvoirs; je me borne à la montrer.

A la même époque il existait en Europe un grand nombre de pouvoirs secondaires qui représentaient des intérêts locaux et administraient les affaires locales. La plupart de ces autorités locales ont déjà disparu; toutes tendent rapidement à disparaître ou à tomber dans la plus complète dépendance. D'un bout de l'Europe à l'autre, les priviléges des seigneurs, les libertés des villes, les administrations provinciales, sont détruites ou vont l'être.

L'Europe a éprouvé, depuis un demi-siècle, beaucoup de révolutions et contre révolutions qui l'ont remuée en sens contraires. Mais tous ces mouvements se ressemblent en un point : tous ont ébranlé ou détruit les pouvoirs secondaires. Des priviléges locaux, que la nation française n'avait pas abolis dans les pays conquis par elle, ont achevé de succomber sous les efforts des princes qui l'ont vaincue. Ces princes ont rejeté toutes les nouveautés que la révolution avait créées chez eux, excepté la centralisation : c'est la seule chose qu'ils aient consenti à tenir d'elle.

Ce que je veux remarquer, c'est que tous ces droits divers qui ont été arrachés successivement, de notre temps, à des classes, à des corporations, à des hommes, n'ont point servi à élever sur une base plus démocratique de nouveaux pouvoirs secondaires, mais se sont concentrés de toutes parts dans les mains du souverain. Partout l'état arrive de plus en plus à diriger par lui-même les moindres citoyens et à conduire seul chacun d'eux dans les moindres affaires (1).

---

(1) Cet affaiblissement graduel de l'individu, en face de la société, se

Presque tous les établissements charitables de l'ancienne Europe étaient dans les mains de particuliers ou de corporations; ils sont tous tombés plus ou moins sous la dépendance du souverain, et, dans plusieurs pays, ils sont régis par lui. C'est l'état qui a entrepris presque seul de donner du pain à ceux qui ont faim, des secours et un asile aux malades, du travail aux oisifs; il s'est fait le réparateur presque unique de toutes les misères.

L'éducation, aussi bien que la charité, est devenue, chez la plupart des peuples de nos jours, une affaire nationale. L'état reçoit et souvent prend l'enfant des bras de sa mère, pour le confier à ses agents; c'est lui qui se charge d'inspirer à chaque génération des sentiments, et de lui fournir

---

se manifeste de mille manières. Je citerai entre autres ce qui a rapport aux testaments.

Dans les pays aristocratiques, on professe d'ordinaire un profond respect pour la dernière volonté des hommes. Cela allait même quelquefois, chez les anciens peuples de l'Europe, jusqu'à la superstition : le pouvoir social, loin de gêner les caprices du mourant, prêtait aux moindres d'entre eux sa force. ; il lui assurait une puissance perpétuelle.

Quand tous les vivants sont faibles, la volonté des morts est moins respectée. On lui trace un cercle très-étroit, et si elle vient à en sortir, le souverain l'annule ou la contrôle. Au moyen âge, le pouvoir de tester n'avait, pour ainsi dire, point de bornes. Chez les Français de nos jours, on ne saurait distribuer son patrimoine entre ses enfants, sans que l'état intervienne. Après avoir régenté la vie entière, il veut encore en régler le dernier acte.

des idées. L'uniformité règne dans les études comme dans tout le reste; la diversité, comme la liberté, en disparaissent chaque jour.

Je ne crains pas non plus d'avancer que chez presque toutes les nations chrétiennes de nos jours, les catholiques aussi bien que les protestantes, la religion est menacée de tomber dans les mains du gouvernement. Ce n'est pas que les souverains se montrent fort jaloux de fixer eux-mêmes le dogme; mais ils s'emparent de plus en plus des volontés de celui qui l'explique; ils ôtent au clergé ses propriétés, lui assignent un salaire, détournent et utilisent à leur seul profit l'influence que le prêtre possède; ils en font un de leurs fonctionnaires et souvent un de leurs serviteurs, et ils pénètrent avec lui jusqu'au plus profond de l'âme de chaque homme (1).

Mais ce n'est encore là qu'un côté du tableau.

Non seulement le pouvoir du souverain s'est étendu, comme nous venons de le voir, dans la sphère entière des anciens pouvoirs; celle-ci ne suffit plus pour le contenir; il la déborde de toutes

(1) A mesure que les attributions du pouvoir central augmentent, le nombre des fonctionnaires qui le représentent s'accroît. Ils forment une nation dans chaque nation; et comme le gouvernement leur prête sa stabilité, ils remplacent de plus en plus chez chacune d'elles l'aristocratie.

Presque partout en Europe, le souverain domine de deux manières : il mène une partie des citoyens par la crainte qu'ils éprouvent de ses agents, et l'autre par l'espérance qu'ils conçoivent de devenir ses agents.

parts et va se répandre sur le domaine que s'était réservé jusqu'ici l'indépendance individuelle. Une multitude d'actions qui échappaient jadis entièrement au contrôle de la société, y ont été soumises de nos jours, et leur nombre s'accroît sans cesse.

Chez les peuples aristocratiques, le pouvoir social se bornait d'ordinaire à diriger et à surveiller les citoyens dans tout ce qui avait un rapport direct et visible avec l'intérêt national; il les abandonnait volontiers à leur libre arbitre en tout le reste. Chez ces peuples le gouvernement semblait oublier souvent qu'il est un point où les fautes et les misères des individus compromettent le bien-être universel, et qu'empêcher la ruine d'un particulier doit quelquefois être une affaire publique.

Les nations démocratiques de notre temps penchent vers un excès contraire.

Il est évident que la plupart de nos princes ne veulent pas seulement diriger le peuple tout entier; on dirait qu'ils se jugent responsables des actions et de la destinée individuelle de leurs sujets, qu'ils ont entrepris de conduire et d'éclairer chacun d'eux dans les différents actes de sa vie, et, au besoin, de le rendre heureux malgré lui-même.

De leur côté les particuliers envisagent de plus en plus le pouvoir social sous le même jour; dans tous leurs besoins ils l'appellent à leur aide, et ils attachent à tous moments sur lui leurs regards comme sur un précepteur ou sur un guide.

J'affirme qu'il n'y a pas de pays en Europe où l'administration publique ne soit devenue non seulement plus centralisée, mais plus inquisitive et plus détaillée; partout elle pénètre plus avant que jadis dans les affaires privées; elle règle à sa manière plus d'actions, et des actions plus petites, et elle s'établit davantage tous les jours à côté, autour et au-dessus de chaque individu, pour l'assister, le conseiller et le contraindre.

Jadis, le souverain vivait du revenu de ses terres ou du produit des taxes. Il n'en est plus de même aujourd'hui que ses besoins ont crû avec sa puissance. Dans les mêmes circonstances où jadis un prince établissait un nouvel impôt, on a recours aujourd'hui à un emprunt. Peu à peu l'état devient ainsi le débiteur de la plupart des riches, et il centralise dans ses mains les plus grands capitaux.

Il attire les moindres d'une autre manière.

A mesure que les hommes se mêlent et que les conditions s'égalisent, le pauvre a plus de ressources, de lumières et de désirs. Il conçoit l'idée d'améliorer son sort, et il cherche à y parvenir par l'épargne. L'épargne fait donc naître, chaque jour, un nombre infini de petits capitaux, fruits lents et successifs du travail; ils s'accroissent sans cesse. Mais le plus grand nombre resteraient improductifs, s'ils demeuraient épars. Cela a donné naissance à une institution philanthropique qui deviendra bientôt, si je ne me trompe, une de nos plus grandes institutions politiques. Des hommes charitables ont conçu la pensée de recueillir l'épargne du pauvre et d'en utiliser le produit. Dans quelques pays, ces associations bienfaisantes sont restées entièrement distinctes de l'état ; mais, dans presque tous, elles tendent visiblement à se confondre avec lui, et il y en a même quelques unes où le gouvernement les a remplacées, et où il a entrepris la tâche immense de centraliser dans un seul lieu, et de faire valoir par ses seules mains l'épargne journalière de plusieurs millions de travailleurs.

Ainsi, l'état attire à lui l'argent des riches par l'emprunt, et par les caisses d'épargne il dispose à son gré des deniers du pauvre. Près de lui et dans ses mains, les richesses du pays accourent sans cesse ; elles s'y accumulent d'autant plus que l'égalité des conditions devient plus grande ; car, chez une nation démocratique, il n'y a que l'état qui inspire de la confiance aux particuliers, parce qu'il n'y a que lui seul qui leur paraisse avoir quelque force et quelque durée (1).

---

(1) D'une part, le goût du bien-être augmente sans cesse, et le gouver-

Ainsi le souverain ne se borne pas à diriger la fortune publique; il s'introduit encore dans les fortunes privées ; il est le chef de chaque citoyen et souvent son maître, et, de plus, il se fait son intendant et son caissier.

Non seulement le pouvoir central remplit seul la sphère entière des anciens pouvoirs, l'étend et la dépasse, mais il s'y meut, avec plus d'agilité, de force et d'indépendance qu'il ne faisait jadis.

Tous les gouvernements de l'Europe ont prodigieusement perfectionné, de notre temps, la science administrative ; ils font plus de choses, et ils font chaque chose avec plus d'ordre, de rapidité, et moins de frais; ils semblent s'enrichir sans cesse de toutes les lumières qu'ils ont enlevées aux particuliers. Chaque jour, les princes de l'Europe tiennent leurs délégués dans une dépendance plus étroite, et ils inventent des méthodes nouvelles pour les diriger de plus près, et les surveiller avec moins de peine. Ce n'est point assez pour eux de conduire toutes les affaires par leurs agents, ils entreprennent de diriger la conduite de leurs agents

---

nement s'empare, de plus en plus, de toutes les sources du bien-être.

Les hommes vont donc par deux chemins divers vers la servitude. Le goût du bien-être les détourne de se mêler du gouvernement, et l'amour du bien-être les met dans une dépendance de plus en plus étroite des gouvernants.

dans toutes leurs affaires ; de sorte que l'administration publique ne dépend pas seulement du même pouvoir ; elle se resserre de plus en plus dans un même lieu, et se concentre dans moins de mains. Le gouvernement centralise son action en même temps qu'il accroît ses prérogatives : double cause de force.

Quand on examine la constitution qu'avait jadis le pouvoir judiciaire, chez la plupart des nations de l'Europe, deux choses frappent : L'indépendance de ce pouvoir, et l'étendue de ses attributions.

Non seulement les cours de justice décidaient presque toutes les querelles entre particuliers ; dans un grand nombre de cas, elles servaient d'arbitres entre chaque individu et l'état.

Je ne veux point parler ici des attributions politiques et administratives que les tribunaux avaient usurpées en quelques pays, mais des attributions judiciaires qu'ils possédaient dans tous. Chez tous les peuples d'Europe, il y avait et il y a encore beaucoup de droits individuels, se rattachant la plupart au droit général de propriété, qui étaient placés sous la sauvegarde du juge, et que l'état ne pouvait violer sans la permission de celui-ci.

C'est ce pouvoir semi-politique qui distinguait principalement les tribunaux d'Europe de tous les autres; car tous les peuples ont eu des juges, mais tous n'ont point donné aux juges les mêmes priviléges.

Si l'on examine maintenant ce qui se passe chez les nations démocratiques de l'Europe qu'on appelle libres, aussi bien que chez les autres, on voit que, de toutes parts, à côté de ces tribunaux, il s'en crée d'autres plus dépendants dont l'objet particulier est de décider exceptionnellement les questions litigieuses qui peuvent s'élever entre l'administration publique et les citoyens. On laisse à l'ancien pouvoir judiciaire son indépendance, mais on resserre sa juridiction, et l'on tend, de plus en plus, à n'en faire qu'un arbitre entre des intérêts particuliers.

Le nombre de ces tribunaux spéciaux augmente sans cesse, et leurs attributions croissent. Le gouvernement échappe donc chaque jour davantage à l'obligation de faire sanctionner par un autre pouvoir ses volontés et ses droits. Ne pouvant se passer de juges, il veut, du moins, choisir lui-même ses juges et les tenir toujours dans sa main, c'est-à-dire que, entre lui et les particuliers, il place encore l'image de la justice, plutôt que la justice elle-même.

Ainsi, il ne suffit point à l'état d'attirer à lui toutes les affaires, il arrive encore, de plus en plus, à les décider toutes par lui-même sans contrôle et sans recours (1).

Il y a chez les nations modernes de l'Europe une grande cause qui, indépendamment de toutes celles que je viens d'indiquer, contribue sans cesse à étendre l'action du souverain ou à augmenter ses prérogatives : on n'y a pas assez pris garde. Cette cause est le développement de l'industrie, que les progrès de l'égalité favorisent.

L'industrie agglomère d'ordinaire une multitude d'hommes dans le même lieu ; elle établit entre eux des rapports nouveaux et compliqués. Elle les expose à de grandes et subites alternatives d'abondance et de misère, durant lesquelles la tranquillité publique est menacée. Il peut arriver enfin que ses travaux compromettent la santé et même la vie de ceux qui en profitent, ou de ceux qui s'y livrent. Ainsi, la classe industrielle a plus besoin d'être réglementée, surveillée et contenue que les autres classes, et il est naturel que les attributions du gouvernement croissent avec elle.

(1) On fait à ce sujet en France un singulier sophisme. Lorsqu'il vient à naître un procès entre l'administration et un particulier, on refuse d'en soumettre l'examen au juge ordinaire, afin, dit-on, de ne point mêler le pouvoir administratif et le pouvoir judiciaire. Comme si ce n'était pas mêler ces deux pouvoirs, et les mêler de la façon la plus périlleuse et la plus tyrannique, que de revêtir le gouvernement du droit de juger et d'administrer tout à la fois.

Cette vérité est généralement applicable ; mais voici ce qui se rapporte plus particulièrement aux nations de l'Europe.

Dans les siècles qui ont précédé ceux où nous vivons, l'aristocratie possédait le sol, et était en état de le défendre. La propriété immobilière fut donc environnée de garanties, et ses possesseurs jouirent d'une grande indépendance. Cela créa des lois et des habitudes qui se sont perpétuées, malgré la division des terres et la ruine des nobles ; et, de nos jours, les propriétaires fonciers et les agriculteurs sont encore de tous les citoyens ceux qui échappent le plus aisément au contrôle du pouvoir social.

Dans ces mêmes siècles aristocratiques, où se trouvent toutes les sources de notre histoire, la propriété mobilière avait peu d'importance, et ses possesseurs étaient méprisés et faibles ; les industriels formaient une classe exceptionnelle au milieu du monde aristocratique. Comme ils n'avaient point de patronage assuré, ils n'étaient point protégés, et souvent ils ne pouvaient se protéger eux-mêmes.

Il entra donc dans les habitudes de considérer la propriété industrielle comme un bien d'une nature particulière, qui ne méritait point les mêmes égards, et qui ne devait pas obtenir les mêmes garanties que la propriété en général, et les industriels comme une petite classe à part dans l'ordre social, dont l'indépendance avait peu de valeur, et qu'il convenait d'abandonner à la passion réglementaire des princes. Si l'on ouvre en effet les codes du moyen-âge on est étonné de voir comment, dans ces siècles d'indépendance individuelle, l'industrie était sans cesse réglementée par les rois, jusque dans ses moindres détails; sur ce point, la centralisation est aussi active et aussi détaillée qu'elle saurait l'être.

Depuis ce temps, une grande révolution a eu lieu dans le monde; la propriété industrielle, qui n'était qu'un germe, s'est développée, elle couvre l'Europe; la classe industrielle s'est étendue, elle s'est enrichie des débris de toutes les autres; elle a crû en nombre, en importance, en richesse; elle croît sans cesse; presque tous ceux qui n'en font pas partie s'y rattachent, du moins par quelque endroit; après avoir été la classe exceptionnelle, elle menace de devenir la classe principale, et pour ainsi dire, la classe unique; cependant, les idées et les habitudes politiques que jadis elle avait fait naître, sont demeurées. Ces idées et ces habitudes n'ont point changé, parce qu'elles sont vieilles et ensuite parce qu'elles se trouvent en parfaite harmonie avec les idées nouvelles et les habitudes générales des hommes de nos jours.

La propriété industrielle n'augmente donc point

ses droits avec son importance. La classe industrielle ne devient pas moins dépendante en devenant plus nombreuse; mais on dirait, au contraire, qu'elle apporte le despotisme dans son sein, et qu'il s'étend naturellement à mesure qu'elle se développe (1).

En proportion que la nation devient plus industrielle, elle sent un plus grand besoin de routes, de canaux, de ports et autres travaux d'une nature semi-publique, qui facilitent l'acquisition des ri-

---

(1) Je citerai à l'appui de ceci quelques faits. C'est dans les mines que se trouvent les sources naturelles de la richesse industrielle. À mesure que l'industrie s'est développée en Europe, que le produit des mines est devenu un intérêt plus général et leur bonne exploitation plus difficile par la division des biens que l'égalité amène, la plupart des souverains ont réclamé le droit de posséder le fonds des mines et d'en surveiller les travaux; ce qui ne s'était point vu pour les propriétés d'une autre espèce.

Les mines, qui étaient des propriétés individuelles soumises aux mêmes obligations et pourvues des mêmes garanties que les autres biens immobiliers, sont ainsi tombées dans le domaine public. C'est l'état qui les exploite ou qui les concède; les propriétaires sont transformés en usagers; ils tiennent leurs droits de l'état, et, de plus, l'état revendique, presque partout, le pouvoir de les diriger; il leur trace des règles, leur impose des méthodes, les soumet à une surveillance habituelle, et, s'ils lui résistent, un tribunal administratif les dépossède, et l'administration publique transporte à d'autres leurs priviléges; de sorte que le gouvernement ne possède pas seulement les mines, il tient tous les mineurs dans sa main.

Cependant, à mesure que l'industrie se développe, l'exploitation des anciennes mines augmente. On en ouvre de nouvelles. La population des mines s'étend et grandit. Chaque jour, les souverains étendent sous nos pieds leur domaine et le peuplent de leurs serviteurs.

chesses, et en proportion qu'elle est plus démocratique, les particuliers éprouvent plus de difficulté à exécuter de pareils travaux, et l'état plus de facilité à les faire. Je ne crains pas d'affirmer que la tendance manifeste de tous les souverains de notre temps est de se charger seuls de l'exécution de pareilles entreprises; par là, ils resserrent chaque jour les populations dans une plus étroite dépendance.

D'autre part, à mesure que la puissance de l'état s'accroît, et que ses besoins augmentent, il consomme lui-même une quantité toujours plus grande de produits industriels, qu'il fabrique d'ordinaire dans ses arsenaux et ses manufactures. C'est ainsi que, dans chaque royaume, le souverain devient le plus grand des industriels; il attire et retient à son service un nombre prodigieux d'ingénieurs, d'architectes, de mécaniciens, et d'artisans.

Il n'est pas seulement le premier des industriels, il tend de plus en plus à se rendre le chef ou plutôt le maître de tous les autres.

Comme les citoyens sont devenus plus faibles en devenant plus égaux, ils ne peuvent rien faire en industrie sans s'associer; or, la puissance publique veut naturellement placer ces associations sous son contrôle.

Il faut reconnaître que ces sortes d'êtres collectifs qu'on nomme associations, sont plus forts et plus redoutables qu'un simple individu ne saurait l'être, et qu'ils ont moins que ceux-ci la responsabilité de leurs propres actes, d'où il résulte qu'il semble raisonnable de laisser à chacune d'elles une indépendance moins grande de la puissance sociale qu'on ne le ferait pour un particulier.

Les souverains ont d'autant plus de pente à agir ainsi que leurs goûts les y convient. Chez les peuples démocratiques, il n'y a que par l'association que la résistance des citoyens au pouvoir central puisse se produire; aussi ce dernier ne voit-il jamais qu'avec défaveur les associations qui ne sont pas sous sa main; et ce qui est fort digne de remarque, c'est que chez ces peuples démocratiques, les citoyens envisagent souvent ces mêmes associations, dont ils ont tant besoin, avec un sentiment secret de crainte et de jalousie, qui les empêche de les défendre. La puissance et la durée de ces petites sociétés particulières, au milieu de la faiblesse et de l'instabilité générale, les étonnent et les inquiètent, et ils ne sont pas éloignés de considérer comme de dangereux priviléges le libre emploi que fait chacune d'elles de ses facultés naturelles.

Toutes ces associations qui naissent de nos jours sont d'ailleurs autant de personnes nouvelles, dont le temps n'a pas consacré les droits, et qui entrent dans le monde à une époque où l'idée des droits particuliers est faible, et où le pouvoir social est sans limites ; il n'est pas surprenant qu'elles perdent leur liberté en naissant.

Chez tous les peuples de l'Europe, il y a certaines associations qui ne peuvent se former qu'après que l'état a examiné leurs statuts, et autorisé leur existence. Chez plusieurs, on fait des efforts pour étendre à toutes les associations cette règle. On voit aisément où mènerait le succès d'une pareille entreprise.

Si une fois le souverain avait le droit général d'autoriser à certaines conditions les associations de toutes espèces, il ne tarderait pas à réclamer celui de les surveiller et de les diriger, afin qu'elles ne puissent pas s'écarter de la règle qu'il leur aurait imposée. De cette manière, l'état, après avoir mis dans sa dépendance tous ceux qui ont envie de s'associer, y mettrait encore tous ceux qui se sont associés, c'est-à-dire presque tous les hommes qui vivent de nos jours.

Les souverains s'approprient ainsi de plus en plus et mettent à leur usage la plus grande partie de cette force nouvelle que l'industrie crée de notre temps dans le monde. L'industrie nous mène, et ils la mènent.

J'attache tant d'importance à tout ce que je viens de dire que je suis tourmenté de la peur d'avoir nui à ma pensée, en voulant mieux la rendre.

Si donc le lecteur trouve que les exemples cités à l'appui de mes paroles sont insuffisants ou mal choisis; s'il pense que j'aie exagéré en quelque endroit les progrès du pouvoir social, et qu'au contraire j'aie restreint outre mesure la sphère où se meut encore l'indépendance individuelle, je le supplie d'abandonner un moment le livre, et de considérer à son tour par lui-même les objets que j'avais entrepris de lui montrer. Qu'il examine attentivement ce qui se passe chaque jour parmi nous et hors de nous; qu'il interroge ses voisins; qu'il se contemple enfin lui-même; je suis bien trompé s'il n'arrive sans guide, et par d'autres chemins, au point où j'ai voulu le conduire.

Il s'apercevra que, pendant le demi-siècle qui vient de s'écouler, la centralisation a crû partout de mille façons différentes. Les guerres, les révolutions, les conquêtes ont servi à son développement; tous les hommes ont travaillé à l'accroître. Pendant cette même période, durant laquelle ils se sont succédé avec une rapidité prodigieuse à la tête des affaires, leurs idées, leurs intérêts, leurs passions ont varié à l'infini; mais tous ont voulu centraliser en quelques manières. L'instinct de la centralisation a été comme le seul point immobile, au milieu de la mobilité singulière de leur existence et de leurs pensées.

Et lorsque le lecteur, ayant examiné ce détail des affaires humaines, voudra en embrasser dans son ensemble le vaste tableau, il restera étonné.

D'un côté, les plus fermes dynasties sont ébranlées ou détruites ; de toutes parts les peuples échappent violemment à l'empire de leurs lois ; ils détruisent ou limitent l'autorité de leurs seigneurs ou de leurs princes ; toutes les nations qui ne sont point en révolution paraissent du moins inquiètes et frémissantes ; un même esprit de révolte les anime. Et de l'autre, dans ce même temps d'anarchie et chez ces mêmes peuples si indociles, le pouvoir social accroît sans cesse ses prérogatives ; il devient plus centralisé, plus entreprenant, plus absolu, plus étendu. Les citoyens tombent à chaque instant sous le contrôle de l'administration publique ; ils sont entraînés insensiblement, et comme à leur insu, à lui sacrifier tous les jours quelques nouvelles parties de leur indépendance individuelle, et ces mêmes hommes qui de temps à autre renversent un trône et foulent aux pieds des rois, se plient de plus en plus, sans résistance, aux moindres volontés d'un commis.

Ainsi donc deux révolutions semblent s'opérer, de nos jours, en sens contraire ; l'une affaiblit continuellement le pouvoir, et l'autre le renforce sans cesse : à aucune autre époque de notre histoire il n'a paru si faible ni si fort.

Mais quand on vient enfin à considérer de plus près l'état du monde, on voit que ces deux révolutions sont intimement liées l'une à l'autre, qu'elles partent de la même source, et qu'après avoir eu un cours divers, elles conduisent enfin les hommes au même lieu.

Je ne craindrai pas encore de répéter une dernière fois ce que j'ai déjà dit ou indiqué dans plusieurs endroits de ce livre : il faut bien prendre garde de confondre le fait même de l'égalité avec la révolution qui achève de l'introduire dans l'état social et dans les lois; c'est là que se trouve la raison de presque tous les phénomènes qui nous étonnent.

Tous les anciens pouvoirs politiques de l'Europe, les plus grands aussi bien que les moindres, ont été fondés dans des siècles d'aristocratie, et ils représentaient ou défendaient plus ou moins le principe de l'inégalité et du privilége. Pour faire prévaloir dans le gouvernement les besoins et les intérêts nouveaux que suggérait l'égalité croissante, il a donc fallu aux hommes de nos jours renverser ou contraindre les anciens pouvoirs. Cela les a conduits à faire des révolutions, et a inspiré à un grand nombre d'entre eux ce goût sauvage du désordre et de l'indépendance que toutes les révolutions, quel que soit leur objet, font toujours naître.

Je ne crois pas qu'il y ait une seule contrée en Europe où le développement de l'égalité n'ait point été précédé ou suivi de quelques changements violents dans l'état de la propriété et des personnes, et presque tous ces changements ont été accompagnés de beaucoup d'anarchie et de licence, parce qu'ils étaient faits par la portion la moins policée de la nation, contre celle qui l'était le plus.

De là sont sorties les deux tendances contraires que j'ai précédemment montrées. Tant que la révolution démocratique était dans sa chaleur, les hommes occupés à détruire les anciens pouvoirs aristocratiques qui combattaient contre elle, se montraient animés d'un grand esprit d'indépendance, et à mesure que la victoire de l'égalité devenait plus complète, ils s'abandonnaient peu à peu aux instincts naturels que cette même égalité fait naître, et ils renforçaient et centralisaient le pouvoir social. Ils avaient voulu être libres pour pouvoir se faire égaux, et, à mesure que l'égalité s'établissait davantage à l'aide de la liberté, elle leur rendait la liberté plus difficile.

Ces deux états n'ont pas toujours été successifs. Nos pères ont fait voir comment un peuple pouvait organiser une immense tyrannie dans son sein au moment même où il échappait à l'autorité des nobles et bravait la puissance de tous les rois, enseignant à la fois au monde la manière de conquérir son indépendance et de la perdre.

Les hommes de notre temps s'aperçoivent que les anciens pouvoirs s'écroulent de toutes parts; ils voient toutes les anciennes influences qui meurent, toutes les anciennes barrières qui tombent; cela trouble le jugement des plus habiles; ils ne font attention qu'à la prodigieuse révolution qui s'opère sous leurs yeux, et ils croient que le genre humain va tomber pour jamais en anarchie. S'ils songeaient aux conséquences finales de cette révolution, ils concevraient peut-être d'autres craintes.

Pour moi je ne me fie point, je le confesse, à l'esprit de liberté qui semble animer mes contemporains; je vois bien que les nations de nos jours sont turbulentes; mais je ne découvre pas clairement qu'elles soient libérales, et je redoute qu'au sortir de ces agitations qui font vaciller tous les trônes, les souverains ne se trouvent plus puissants qu'ils ne l'ont été.

CHAPITRE VI.

Quelle espèce de despotisme les nations démocratiques ont à craindre.

J'avais remarqué durant mon séjour aux États-Unis qu'un état social démocratique, semblable à celui des Américains, pourrait offrir des facilités singulières à l'établissement du despotisme, et j'avais vu, à mon retour en Europe, combien la plupart de nos princes s'étaient déjà servis des idées, des sentiments et des besoins que ce même état social faisait naître pour étendre le cercle de leur pouvoir.

Cela me conduisit à croire que les nations chrétiennes finiraient peut-être par subir quelque oppression pareille à celle qui pesa jadis sur plusieurs des peuples de l'antiquité.

Un examen plus détaillé du sujet, et cinq ans de méditations nouvelles n'ont point diminué mes craintes, mais ils en ont changé l'objet.

On n'a jamais vu dans les siècles passés de souverain si absolu et si puissant qui ait entrepris d'administrer par lui-même, et sans le secours de pouvoirs secondaires, toutes les parties d'un grand empire; il n'y en a point qui ait tenté d'assujettir indistinctement tous ses sujets aux détails d'une règle uniforme, ni qui soit descendu à côté de chacun d'eux pour le régenter et le conduire. L'idée d'une pareille entreprise ne s'était jamais présentée à l'esprit humain, et, s'il était arrivé à un homme de la concevoir, l'insuffisance des lumières, l'imperfection des procédés administratifs, et surtout les obstacles naturels que suscitait l'inégalité des conditions, l'auraient bientôt arrêté dans l'exécution d'un si vaste dessein.

On voit qu'au temps de la plus grande puissance des Césars, les différents peuples qui habitaient le monde romain avaient encore conservé des coutumes et des mœurs diverses : quoique soumises au même monarque, la plupart des provinces étaient administrées à part; elles étaient remplies de municipalités puissantes et actives, et, quoique tout le gouvernement de l'empire fût concentré dans les seules mains de l'empereur, et qu'il restât toujours, au besoin, l'arbitre de toutes choses, les détails de la vie sociale et de l'existence individuelle échappaient d'ordinaire à son contrôle.

Les empereurs possédaient, il est vrai, un pouvoir immense et sans contrepoids, qui leur permettait de se livrer librement à la bizarrerie de leurs penchants, et d'employer à les satisfaire la force entière de l'état; il leur est arrivé souvent d'abuser de ce pouvoir pour enlever arbitrairement à un citoyen ses biens ou sa vie : leur tyrannie pesait prodigieusement sur quelques-uns; mais elle ne s'étendait pas sur un grand nombre; elle s'attachait à quelques grands objets principaux, et négligeait le reste; elle était violente et restreinte.

Il semble que si le despotisme venait à s'établir chez les nations démocratiques de nos jours, il aurait d'autres caractères: il serait plus étendu et plus doux, et il dégraderait les hommes sans les tourmenter.

Je ne doute pas que, dans des siècles de lumières et d'égalité comme les nôtres, les souverains ne parvinssent plus aisément à réunir tous les pouvoirs publics dans leurs seules mains, et à pénétrer plus habituellement et plus profondément dans le cercle des intérêts privés, que n'a jamais pu le faire aucun de ceux de l'antiquité. Mais cette même égalité qui facilite le despotisme, le tempère; nous avons vu comment, à mesure que les hommes sont plus semblables et plus égaux, les mœurs publiques deviennent plus humaines et plus douces; quand aucun citoyen n'a un grand pouvoir ni de grandes richesses, la tyrannie manque, en quelque sorte, d'occasion et de théâtre. Toutes les fortunes étant médiocres, les passions sont naturellement contenues, l'imagination bornée, les plaisirs simples. Cette modération universelle modère le souverain lui-même, et arrête dans de certaines limites l'élan désordonné de ses désirs.

Indépendamment de ces raisons puisées dans la nature même de l'état social, je pourrais en ajouter beaucoup d'autres que je prendrais en dehors de mon sujet; mais je veux me tenir dans les bornes que je me suis posées.

Les gouvernements démocratiques pourront devenir violents et même cruels dans certains moments de grande effervescence et de grands périls; mais ces crises seront rares et passagères.

Lorsque je songe aux petites passions des hommes de nos jours, à la mollesse de leurs mœurs, à l'étendue de leurs lumières, à la pureté de leur religion, à la douceur de leur morale, à leurs habitudes laborieuses et rangées, à la retenue qu'ils conservent presque tous dans le vice comme dans la vertu; je ne crains pas qu'ils rencontrent dans leurs chefs des tyrans, mais plutôt des tuteurs.

Je pense donc que l'espèce d'oppression dont les peuples démocratiques sont menacés ne ressemblera à rien de ce qui l'a précédée dans le monde ; nos contemporains ne sauraient en trouver l'image dans leurs souvenirs. Je cherche en vain moi-même une expression qui reproduise exactement l'idée que je m'en forme et la renferme ; les anciens mots de despotisme et de tyrannie ne conviennent point. La chose est nouvelle, il faut donc tâcher de la définir, puisque je ne peux la nommer.

Je veux imaginer sous quels traits nouveaux le despotisme pourrait se produire dans le monde : je vois une foule innombrable d'hommes semblables et égaux, qui tournent sans repos sur eux-mêmes pour se procurer de petits et vulgaires plaisirs, dont ils remplissent leur âme. Chacun d'eux, retiré à l'écart, est comme étranger à la destinée de tous les autres, ses enfants et ses amis particuliers forment pour lui toute l'espèce humaine ; quant au demeurant de ses concitoyens, il est à côté d'eux ; mais il ne les voit pas ; il les touche et ne les sent point ; il n'existe qu'en lui-même et pour lui seul, et s'il lui reste encore une famille, on peut dire du moins qu'il n'a plus de patrie.

Au-dessus de ceux-là, s'élève un pouvoir immense et tutélaire, qui se charge seul d'assurer leurs jouissances, et de veiller sur leur sort. Il est absolu, détaillé, régulier, prévoyant et doux. Il ressemblerait à la puissance paternelle, si, comme elle, il avait pour objet de préparer les hommes à l'âge viril; mais il ne cherche, au contraire, qu'à les fixer irrévocablement dans l'enfance; il aime que les citoyens se réjouissent, pourvu qu'ils ne songent qu'à se réjouir. Il travaille volontiers à leur bonheur; mais il veut en être l'unique agent et le seul arbitre; il pourvoit à leur sécurité, prévoit et assure leurs besoins, facilite leurs plaisirs, conduit leurs principales affaires, dirige leur industrie, règle leurs successions, divise leurs héritages; que ne peut-il leur ôter entièrement le trouble de penser et la peine de vivre?

C'est ainsi que tous les jours il rend moins utile et plus rare l'emploi du libre arbitre; qu'il renferme l'action de la volonté dans un plus petit espace, et dérobe peu à peu à chaque citoyen jusqu'à l'usage de lui-même. L'égalité a préparé les hommes à toutes ces choses; elle les a disposés à les souffrir et souvent même à les regarder comme un bienfait.

Après avoir pris ainsi tour à tour dans ses puissantes mains chaque individu, et l'avoir pétri à sa guise, le souverain étend ses bras sur la société tout entière; il en couvre la surface d'un réseau de petites règles compliquées, minutieuses et uniformes, à travers lesquelles les esprits les plus originaux et les âmes les plus vigoureuses ne sauraient se faire jour pour dépasser la foule ; il ne brise pas les volontés, mais il les amollit, les plie et les dirige ; il force rarement d'agir, mais il s'oppose sans cesse à ce qu'on agisse ; il ne détruit point, il empêche de naître ; il ne tyrannise point, il gêne, il comprime, il énerve, il éteint, il hébète, et il réduit enfin chaque nation à n'être plus qu'un troupeau d'animaux timides et industrieux, dont le gouvernement est le berger.

J'ai toujours cru que cette sorte de servitude, réglée, douce et paisible, dont je viens de faire le tableau, pourrait se combiner mieux qu'on ne l'imagine avec quelques unes des formes extérieures de la liberté, et qu'il ne lui serait pas impossible de s'établir à l'ombre même de la souveraineté du peuple.

Nos contemporains sont incessamment travaillés par deux passions ennemies : ils sentent le besoin d'être conduits et l'envie de rester libres. Ne pouvant détruire ni l'un ni l'autre de ces instincts contraires, ils s'efforcent de les satisfaire à la fois tous les deux. Ils imaginent un pouvoir unique, tutélaire, tout puissant, mais élu par les citoyens. Ils combinent la centralisation et la souveraineté du peuple. Cela leur donne quelque relâche. Ils se consolent d'être en tutelle, en songeant qu'ils ont eux-mêmes choisi leurs tuteurs. Chaque individu souffre qu'on l'attache, parce qu'il voit que ce n'est pas un homme ni une classe, mais le peuple lui-même qui tient le bout de la chaîne.

Dans ce système, les citoyens sortent un moment de la dépendance pour indiquer leur maître, et y rentrent.

Il y a, de nos jours, beaucoup de gens qui s'accommodent très-aisément de cette espèce de compromis entre le despotisme administratif et la souveraineté du peuple, et qui pensent avoir assez garanti la liberté des individus, quand c'est au pouvoir national qu'ils la livrent. Cela ne me suffit point. La nature du maître m'importe bien moins que l'obéissance.

Je ne nierai pas cependant qu'une constitution semblable ne soit infiniment préférable à celle qui, après avoir concentré tous les pouvoirs, les déposerait dans les mains d'un homme ou d'un corps irresponsable. De toutes les différentes formes que le despotisme démocratique pourrait prendre, celle-ci serait assurément la pire.

Lorsque le souverain est électif ou surveillé de près par une législature réellement élective et indépendante, l'oppression qu'il fait subir aux individus est quelquefois plus grande; mais elle est toujours moins dégradante, parce que chaque citoyen, alors qu'on le gêne et qu'on le réduit à l'impuissance, peut encore se figurer qu'en obéissant, il ne se soumet qu'à lui-même, et que c'est à l'une de ses volontés qu'il sacrifie toutes les autres.

Je comprends également que, quand le souverain représente la nation et dépend d'elle, les forces et les droits qu'on enlève à chaque citoyen ne servent pas seulement au chef de l'état, mais profitent à l'état lui-même, et que les particuliers retirent quelque fruit du sacrifice qu'ils ont fait au public de leur indépendance.

Créer une représentation nationale dans un pays très-centralisé, c'est donc diminuer le mal que l'extrême centralisation peut produire, mais ce n'est pas le détruire

Je vois bien que, de cette manière, on conserve l'intervention individuelle dans les plus importantes affaires; mais on ne la supprime pas moins dans les petites et les particulières. L'on oublie que c'est surtout dans le détail qu'il est dangereux d'asservir les hommes. Je serais, pour ma part, porté à croire la liberté moins nécessaire dans les grandes choses que dans les moindres, si je pensais qu'on pût jamais être assuré de l'une, sans posséder l'autre.

La sujétion dans les petites affaires se manifeste tous les jours, et se fait sentir indistinctement à tous les citoyens. Elle ne les désespère point; mais elle les contrarie sans cesse, et elle les porte à renoncer à l'usage de leur volonté. Elle éteint ainsi peu à peu leur esprit et énerve leur âme ; tandis que l'obéissance, qui n'est due que dans un petit nombre de circonstances très-graves, mais très-rares, ne montre la servitude que de loin en loin, et ne la fait peser que sur certains hommes. En vain chargerez-vous ces mêmes citoyens que vous avez rendus si dépendants du pouvoir central de choisir de temps à autre les représentants de ce pouvoir, cet usage si important, mais si court et si rare de leur libre arbitre n'empêchera pas qu'ils ne perdent peu à peu la faculté de penser, de sentir et d'agir par eux-mêmes, et qu'ils ne tombent ainsi graduellement au-dessous du niveau de l'humanité.

J'ajoute qu'ils deviendront bientôt incapables d'exercer le grand et unique privilége qui leur reste. Les peuples démocratiques qui ont introduit la liberté dans la sphère politique, en même temps qu'ils accroissaient le despotisme dans la sphère administrative, ont été conduits à des singularités bien étranges. Faut-il mener les petites affaires où le simple bon sens peut suffire, ils estiment que les citoyens en sont incapables; s'agit-il du gouvernement de tout l'état, il confient à ces citoyens d'immenses prérogatives; ils en font alternativement les jouets du souverain et ses maîtres; plus que des rois et moins que des hommes. Après avoir épuisé tous les différents systèmes d'élection, sans en trouver un qui leur convienne, ils s'étonnent et cherchent encore ; comme si le mal qu'ils remarquent ne tenait pas à la constitution du pays bien plus qu'à celle du corps électoral.

Il est, en effet, difficile de concevoir comment des hommes qui ont entièrement renoncé à l'habitude de se diriger eux-mêmes pourraient réussir à bien choisir ceux qui doivent les conduire ; et l'on ne fera point croire qu'un gouvernement libéral, énergique et sage, puisse jamais sortir des suffrages d'un peuple de serviteurs.

Une constitution qui serait républicaine par la tête et ultra-monarchique dans toutes les autres parties, m'a toujours semblé un monstre éphémère. Les vices des gouvernants et l'imbécillité des gouvernés ne tarderaient pas à en amener la ruine ; et le peuple, fatigué de ses représentants et de lui-même, créerait des institutions plus libres, ou retournerait bientôt s'étendre aux pieds d'un seul maître.

CHAPITRE VII.

Suite des chapitres précédents.

———•••———

Je crois qu'il est plus facile d'établir un gouvernement absolu et despotique chez un peuple où les conditions sont égales que chez un autre, et je pense que si un pareil gouvernement était une fois établi chez un semblable peuple, non seulement il y opprimerait les hommes, mais qu'à la longue il ravirait à chacun d'eux plusieurs des principaux attributs de l'humanité.

Le despotisme me paraît donc particulièrement à redouter dans les âges démocratiques.

J'aurais, je pense, aimé la liberté dans tous les temps ; mais je me sens enclin à l'adorer dans le temps où nous sommes.

Je suis convaincu, d'autres parts, que tous ceux qui, dans les siècles où nous entrons, essaieront d'appuyer la liberté sur le privilége et l'aristocratie échoueront. Tous ceux qui voudront attirer et retenir l'autorité dans le sein d'une seule classe échoueront. Il n'y a pas, de nos jours, de souverain assez habile et assez fort pour fonder le despotisme en rétablissant des distinctions permanentes entre ses sujets; il n'y a pas non plus de législateur si sage et si puissant qui soit en état de maintenir des institutions libres, s'il ne prend l'égalité pour premier principe et pour symbole. Il faut donc que tous ceux de nos contemporains qui veulent créer ou assurer l'indépendance et la dignité de leurs semblables, se montrent amis de l'égalité ; et le seul moyen digne d'eux de se montrer tels, c'est de l'être : le succès de leur sainte entreprise en dépend.

Ainsi il ne s'agit point de reconstruire une société aristocratique, mais de faire sortir la liberté du sein de la société démocratique où Dieu nous fait vivre.

Ces deux premières vérités me semblent simples, claires et fécondes, et elles m'amènent naturellement à considérer quelle espèce de gouvernement libre peut s'établir chez un peuple où les conditions sont égales.

Il résulte de la constitution même des nations démocratiques et de leurs besoins, que chez elles le pouvoir du souverain doit être plus uniforme, plus centralisé, plus étendu, plus pénétrant, plus puissant qu'ailleurs. La société y est naturellement plus agissante et plus forte, l'individu plus subordonné et plus faible; l'une fait plus, l'autre moins; cela est forcé.

Il ne faut donc pas s'attendre à ce que, dans les contrées démocratiques, le cercle de l'indépendance individuelle soit jamais aussi large que dans les pays d'aristocratie. Mais cela n'est point à souhaiter; car, chez les nations aristocratiques, la société est souvent sacrifiée à l'individu, et la prospérité du plus grand nombre à la grandeur de quelques-uns.

Il est tout à la fois nécessaire et désirable que le pouvoir central qui dirige un peuple démocratique soit actif et puissant. Il ne s'agit point de le rendre faible ou indolent, mais seulement de l'empêcher d'abuser de son agilité et de sa force.

Ce qui contribuait le plus à assurer l'indépendance des particuliers dans les siècles aristocratiques, c'est que le souverain ne s'y chargeait pas seul de gouverner et d'administrer les citoyens; il était obligé de laisser en partie ce soin aux membres de l'aristocratie; de telle sorte que le pouvoir social, étant toujours divisé, ne pesait jamais tout entier et de la même manière sur chaque homme.

Non seulement le souverain ne faisait pas tout par lui-même; mais la plupart des fonctionnaires qui agissaient à sa place, tirant leur pouvoir du fait de leur naissance, et non de lui, n'étaient pas sans cesse dans sa main. Il ne pouvait les créer ou les détruire à chaque instant, suivant ses caprices, et les plier tous uniformément à ses moindres volontés. Cela garantissait encore l'indépendance des particuliers.

Je comprends bien que de nos jours on ne saurait avoir recours au même moyen; mais je vois des procédés démocratiques qui les remplacent.

Au lieu de remettre au souverain seul tous les pouvoirs administratifs, qu'on enlève à des corporations ou à des nobles, on peut en confier une partie à des corps secondaires temporairement formés de simples citoyens; de cette manière, la liberté des particuliers sera plus sûre, sans que leur égalité soit moindre.

Les Américains, qui ne tiennent pas autant que nous aux mots, ont conservé le nom de comté à la plus grande de leurs circonscriptions administratives; mais ils ont remplacé en partie le comte par une assemblée provinciale.

Je conviendrai sans peine qu'à une époque d'égalité comme la nôtre, il serait injuste et déraisonnable d'instituer des fonctionnaires héréditaires; mais rien n'empêche de leur substituer, dans une certaine mesure, des fonctionnaires électifs. L'élection est un expédient démocratique qui assure l'indépendance du fonctionnaire vis-à-vis du pouvoir central, autant et plus que ne saurait le faire l'hérédité chez les peuples aristocratiques.

Les pays aristocratiques sont remplis de particuliers riches et influents, qui savent se suffire à eux-mêmes, et qu'on n'opprime pas aisément ni en secret; et ceux-là maintiennent le pouvoir dans des habitudes générales de modération et de retenue.

Je sais bien que les contrées démocratiques ne présentent point naturellement d'individus semblables; mais on peut y créer artificiellement quelque chose d'analogue.

Je crois fermement qu'on ne saurait fonder de nouveau, dans le monde, une aristocratie; mais je pense que les simples citoyens, en s'associant, peuvent y constituer des êtres très-opulents, très-influents, très-forts, en un mot des personnes aristocratiques.

On obtiendrait de cette manière plusieurs des plus grands avantages politiques de l'aristocratie sans ses injustices ni ses dangers. Une association politique, industrielle, commerciale ou même scientifique et littéraire, est un citoyen éclairé et puissant qu'on ne saurait plier à volonté ni opprimer dans l'ombre, et qui, en défendant ses droits particuliers contre les exigences du pouvoir, sauve les libertés communes.

Dans les temps d'aristocratie, chaque homme est toujours lié d'une manière très-étroite à plusieurs de ses concitoyens, de telle sorte qu'on ne saurait attaquer celui-là que les autres n'accourent à son aide. Dans les siècles d'égalité, chaque individu est naturellement isolé; il n'a point d'amis héréditaires dont il puisse exiger le concours, point de classe dont les sympathies lui soient assurées; on le met aisément à part, et on le foule impunément aux pieds. De nos jours, un citoyen qu'on opprime n'a donc qu'un moyen de se défendre; c'est de s'adresser à la nation tout entière, et, si elle lui est sourde, au genre humain; et il n'a qu'un moyen de le faire, c'est la presse. Ainsi la liberté de la presse est infiniment plus précieuse chez les nations démocratiques que chez toutes les autres; elle seule guérit la plupart des maux que l'égalité peut produire. L'égalité isole et affaiblit les hommes; mais la presse place à côté de chacun d'eux une arme très-puissante, dont le plus faible et le plus isolé peut faire usage. L'égalité ôte à chaque individu l'appui de ses proches; mais la presse lui permet d'appeler à son aide tous ses concitoyens et tous ses semblables. L'imprimerie a hâté les progrès de l'égalité, et elle est un de ses meilleurs correctifs.

Je pense que les hommes qui vivent dans les aristocraties peuvent, à la rigueur, se passer de la liberté de la presse; mais ceux qui habitent les contrées démocratiques ne peuvent le faire. Pour garantir l'indépendance personnelle de ceux-ci, je ne m'en fie point aux grandes assemblées politiques, aux prérogatives parlementaires, à la proclamation de la souveraineté du peuple. Toutes ces choses se concilient, jusqu'à un certain point, avec la servitude individuelle; mais cette servitude ne saurait être complète si la presse est libre. La presse est, par excellence, l'instrument démocratique de la liberté.

Je dirai quelque chose d'analogue du pouvoir judiciaire.

Il est de l'essence du pouvoir judiciaire de s'occuper d'intérêts particuliers et d'attacher volontiers ses regards sur de petits objets qu'on expose à sa vue; il est encore de l'essence de ce pouvoir de ne point venir de lui-même au secours de ceux qu'on opprime, mais d'être sans cesse à la disposition du plus humble d'entre eux. Celui-ci, quelque faible qu'on le suppose, peut toujours forcer le juge d'écouter sa plainte et d'y répondre : cela tient à la constitution même du pouvoir judiciaire.

Un semblable pouvoir est donc spécialement applicable aux besoins de la liberté, dans un temps où l'œil et la main du souverain s'introduisent sans cesse parmi les plus minces détails des actions humaines, et où les particuliers, trop faibles pour se protéger eux-mêmes, sont trop isolés pour pouvoir compter sur le secours de leurs pareils. La force des tribunaux a été, de tout temps, la plus grande garantie qui se puisse offrir à l'indépendance individuelle ; mais cela est surtout vrai dans les siècles démocratiques ; les droits et les intérêts particuliers y sont toujours en péril, si le pouvoir judiciaire ne grandit et ne s'étend à mesure que les conditions s'égalisent.

L'égalité suggère aux hommes plusieurs penchants fort dangereux pour la liberté, et sur lesquels le législateur doit toujours avoir l'œil ouvert. Je ne rappellerai que les principaux.

Les hommes qui vivent dans les siècles démocratiques ne comprennent pas aisément l'utilité des formes; ils ressentent un dédain instinctif pour elles. J'en ai dit ailleurs les raisons. Les formes excitent leur mépris et souvent leur haine. Comme ils n'aspirent d'ordinaire qu'à des jouissances faciles et présentes, ils s'élancent impétueusement vers l'objet de chacun de leurs désirs; les moindres délais les désespèrent. Ce tempérament qu'ils transportent dans la vie politique les indispose contre les formes, qui les retardent ou les arrêtent chaque jour dans quelques-uns de leurs desseins.

Cet inconvénient que les hommes des démocraties trouvent aux formes est pourtant ce qui rend ces dernières si utiles à la liberté, leur principal mérite étant de servir de barrière entre le fort et le faible, le gouvernant et le gouverné, de retarder l'un et de donner à l'autre le temps de se reconnaître. Les formes sont plus nécessaires à mesure que le souverain est plus actif et plus puissant et que les particuliers deviennent plus indolents et plus débiles. Ainsi les peuples démocratiques ont naturellement plus besoin des formes que les autres peuples, et naturellement ils les respectent moins. Cela mérite une attention très-sérieuse.

Il n'y a rien de plus misérable que le dédain superbe de la plupart de nos contemporains pour les questions de formes; car les plus petites questions de formes ont acquis de nos jours une importance qu'elles n'avaient point eue jusque-là. Plusieurs des plus grands intérêts de l'humanité s'y rattachent.

Je pense que si les hommes d'état qui vivaient dans les siècles aristocratiques pouvaient quelquefois mépriser impunément les formes et s'élever souvent au-dessus d'elles, ceux qui conduisent les peuples d'aujourd'hui doivent considérer avec respect la moindre d'entre elles et ne la négliger que quand une impérieuse nécessité y oblige. Dans les aristocraties, on avait la superstition des formes; il faut que nous ayons un culte éclairé et réfléchi pour elles.

Un autre instinct très-naturel aux peuples démocratiques, et très-dangereux, est celui qui les porte à mépriser les droits individuels et à en tenir peu de compte.

Les hommes s'attachent en général à un droit et lui témoignent du respect en raison de son importance ou du long usage qu'ils en ont fait. Les droits individuels qui se rencontrent chez les peuples démocratiques sont d'ordinaire peu importants, très-récents et fort instables; cela fait qu'on les sacrifie souvent sans peine et qu'on les viole presque toujours sans remords.

Or il arrive que, dans ce même temps et chez ces mêmes nations où les hommes conçoivent un mépris naturel pour les droits des individus, les droits de la société s'étendent naturellement et s'affermissent; c'est-à-dire que les hommes deviennent moins attachés aux droits particuliers, au moment où il serait le plus nécessaire de retenir et de défendre le peu qui en reste.

C'est donc surtout dans les temps démocratiques où nous sommes que les vrais amis de la liberté et de la grandeur humaine doivent sans cesse se tenir debout et prêts à empêcher que le pouvoir social ne sacrifie légèrement les droits particuliers de quelques individus à l'exécution générale de ses desseins. Il n'y a point dans ces temps-là de citoyen si obscur qu'il ne soit très-dangereux de laisser opprimer, ni de droits individuels si peu importants qu'on puisse impunément livrer à l'arbitraire. La raison en est simple : quand on viole le droit particulier d'un individu, dans un temps où l'esprit humain est pénétré de l'importance et de la sainteté des droits de cette espèce, on ne fait de mal qu'à celui qu'on dépouille ; mais violer un droit semblable, de nos jours, c'est corrompre profondément les mœurs nationales et mettre en péril la société tout entière ; parce que l'idée même de ces sortes de droits tend sans cesse parmi nous à s'altérer et à se perdre.

Il y a de certaines habitudes, de certaines idées, de certains vices qui sont propres à l'état de révolution, et qu'une longue révolution ne peut manquer de faire naître et de généraliser, quels que soient d'ailleurs son caractère, son objet et son théâtre.

Lorsque une nation quelconque a plusieurs fois, dans un court espace de temps, changé de chefs, d'opinions et de lois, les hommes qui la composent finissent par contracter le goût du mouvement et par s'habituer à ce que tous les mouvements s'opèrent rapidement à l'aide de la force. Ils conçoivent alors naturellement du mépris pour les formes dont ils voient chaque jour l'impuissance, et ils ne supportent qu'avec impatience l'empire de la règle auquel on s'est soustrait tant de fois sous leurs yeux.

Comme les notions ordinaires de l'équité et de la morale ne suffisent plus pour expliquer et justifier toutes les nouveautés auxquelles la révolution donne chaque jour naissance, on se rattache au principe de l'utilité sociale, on crée le dogme de la nécessité politique, et l'on s'accoutume volontiers à sacrifier sans scrupule les intérêts particuliers et à fouler aux pieds les droits individuels, afin d'atteindre plus promptement le but général qu'on se propose.

Ces habitudes et ces idées que j'appellerai révolutionnaires, parce que toutes les révolutions les produisent, se font voir dans le sein des aristocraties aussi bien que chez les peuples démocratiques ; mais chez les premières elles sont souvent moins puissantes et toujours moins durables, parce qu'elles y rencontrent des habitudes, des idées, des défauts et des travers qui leur sont contraires. Elles s'effacent donc d'elles-mêmes dès que la révolution est terminée, et la nation en revient à ses anciennes allures politiques. Il n'en est pas toujours ainsi dans les contrées démocratiques où il est toujours à craindre que les instincts révolutionnaires, s'adoucissant et se régularisant sans s'éteindre, ne se transforment graduellement en mœurs gouvernementales et en habitudes administratives.

Je ne sache donc pas de pays où les révolutions soient plus dangereuses que les pays démocratiques, parce que, indépendamment des maux accidentels et passagers qu'elles ne sauraient jamais manquer de faire, elles risquent toujours d'en créer de permanents et pour ainsi dire d'éternels.

Je crois qu'il y a des résistances honnêtes et des rébellions légitimes. Je ne dis donc point, d'une manière absolue, que les hommes des temps démocratiques ne doivent jamais faire de révolutions ; mais je pense qu'ils ont raison d'hésiter plus que tous les autres avant d'en entreprendre, et qu'il leur vaut mieux souffrir beaucoup d'incommodités de l'état présent que de recourir à un si périlleux remède.

Je terminerai par une idée générale qui renferme dans son sein non seulement toutes les idées particulières qui ont été exprimées dans ce présent chapitre, mais encore la plupart de celles que ce livre a pour but d'exposer.

Dans les siècles d'aristocratie qui ont précédé le nôtre, il y avait des particuliers très-puissants et une autorité sociale fort débile. L'image même de la société était obscure, et se perdait sans cesse au milieu de tous les pouvoirs différents qui régissaient les citoyens. Le principal effort des hommes de ces temps-là dut se porter à grandir et à fortifier le pouvoir social, à accroître et à assurer ses prérogatives et, au contraire, à resserrer l'indépendance individuelle dans des bornes plus étroites, et à subordonner l'intérêt particulier à l'intérêt général.

D'autres périls et d'autres soins attendent les hommes de nos jours.

Chez la plupart des nations modernes, le souverain, quels que soient son origine, sa constitution et son nom, est devenu presque tout puissant, et les particuliers tombent, de plus en plus, dans le dernier degré de la faiblesse et de la dépendance.

Tout était différent dans les anciennes sociétés. L'unité et l'uniformité ne s'y rencontraient nulle part. Tout menace de devenir si semblable dans les nôtres, que la figure particulière de chaque individu se perdra bientôt entièrement dans la physionomie commune. Nos pères étaient toujours prêts à abuser de cette idée que les droits particuliers sont respectables, et nous sommes naturellement portés à exagérer cette autre que l'intérêt d'un individu doit toujours plier devant l'intérêt de plusieurs.

Le monde politique change; il faut désormais chercher de nouveaux remèdes à des maux nouveaux.

Fixer au pouvoir social des limites étendues, mais visibles et immobiles; donner aux particuliers de certains droits et leur garantir la jouissance incontestée de ces droits; conserver à l'individu le peu d'indépendance, de force et d'originalité qui lui restent; le relever à côté de la société et le soutenir en face d'elle : tel me paraît être le premier objet du législateur, dans l'âge où nous entrons.

On dirait que les souverains de notre temps ne cherchent qu'à faire avec les hommes des choses grandes. Je voudrais qu'ils songeassent un peu plus à faire de grands hommes; qu'ils attachassent moins de prix à l'œuvre et plus à l'ouvrier, et qu'ils se souvinssent sans cesse qu'une nation ne peut rester longtemps forte quand chaque homme y est individuellement faible, et qu'on n'a point encore trouvé de formes sociales ni de combinaisons politiques qui puissent faire un peuple énergique en le composant de citoyens pusillanimes et mous.

Je vois chez nos contemporains deux idées contraires, mais également funestes.

Les uns n'aperçoivent dans l'égalité que les tendances anarchiques qu'elle fait naître. Ils redoutent leur libre arbitre; ils ont peur d'eux-mêmes.

Les autres, en plus petit nombre, mais mieux éclairés, ont une autre vue. A côté de la route qui, partant de l'égalité, conduit à l'anarchie, ils ont enfin découvert le chemin qui semble mener invinciblement les hommes vers la servitude. Ils plient d'avance leur âme à cette servitude nécessaire; et, désespérant de rester libres, ils adorent déjà au fond de leur cœur le maître qui doit bientôt venir.

Les premiers abandonnent la liberté, parce qu'ils l'estiment dangereuse; les seconds parce qu'ils la jugent impossible.

Si j'avais eu cette dernière croyance, je n'aurais pas écrit l'ouvrage qu'on vient de lire; je me serais borné à gémir en secret sur la destinée de mes semblables.

J'ai voulu exposer au grand jour les périls que l'égalité fait courir à l'indépendance humaine, parce que je crois fermement que ces périls sont les plus formidables aussi bien que les moins prévus de tous ceux que renferme l'avenir. Mais je ne les crois pas insurmontables.

Les hommes qui vivent dans les siècles démocratiques où nous entrons ont naturellement le goût de l'indépendance. Naturellement ils supportent avec impatience la règle : la permanence de l'état même qu'ils préfèrent les fatigue. Ils aiment le pouvoir ; mais ils sont enclins à mépriser et à haïr celui qui l'exerce, et ils échappent aisément d'entre ses mains à cause de leur petitesse et de leur mobilité même.

Ces instincts se retrouveront toujours, parce qu'ils sortent du fond de l'état social qui ne changera pas. Pendant longtemps, ils empêcheront qu'aucun despotisme ne puisse s'asseoir, et ils fourniront de nouvelles armes à chaque génération nouvelle qui voudra lutter en faveur de la liberté des hommes.

Ayons donc de l'avenir cette crainte salutaire qui fait veiller et combattre, et non cette sorte de terreur molle et oisive qui abat les cœurs et les énerve.

CHAPITRE VIII.

Vue générale du sujet.

Je voudrais, avant de quitter pour jamais la carrière que je viens de parcourir, pouvoir embrasser d'un dernier regard tous les traits divers qui marquent la face du monde nouveau, et juger enfin de l'influence générale que doit exercer l'égalité sur le sort des hommes; mais la difficulté d'une pareille entreprise m'arrête; en présence d'un si grand objet je sens ma vue qui se trouble et ma raison qui chancelle.

Cette société nouvelle que j'ai cherché à peindre et que je veux juger ne fait que de naître. Le temps n'en a point encore arrêté la forme; la grande révolution qui l'a créée dure encore, et, dans ce qui arrive de nos jours, il est presque impossible de discerner ce qui doit passer avec la révolution elle-même, et ce qui doit rester après elle.

Le monde qui s'élève est encore à moitié engagé sous les débris du monde qui tombe, et, au milieu de l'immense confusion que présentent les affaires humaines, nul ne saurait dire ce qui restera debout des vieilles institutions et des anciennes mœurs, et ce qui achèvera d'en disparaître.

Quoique la révolution qui s'opère dans l'état social, les lois, les idées, les sentiments des hommes, soit encore bien loin d'être terminée, déjà on ne saurait comparer ses œuvres avec rien de ce qui s'est vu précédemment dans le monde. Je remonte de siècle en siècle jusqu'à l'antiquité la plus reculée; je n'aperçois rien qui ressemble à ce qui est sous mes yeux. Le passé n'éclairant plus l'avenir, l'esprit marche dans les ténèbres.

Cependant, au milieu de ce tableau si vaste, si nouveau, si confus, j'entrevois déjà quelques traits principaux qui se dessinent, et je les indique:

Je vois que les biens et les maux se répartissent assez également dans le monde. Les grandes richesses disparaissent; le nombre des petites fortunes s'accroît; les désirs et les jouissances se multiplient; il n'y a plus de prospérités extraordinaires ni de misères irrémédiables. L'ambition est un sentiment universel; il y a peu d'ambitions vastes. Chaque individu est isolé et faible; la société est agile, prévoyante et forte ; les particuliers font de petites choses, et l'état d'immenses.

Les âmes ne sont pas énergiques ; mais les mœurs sont douces et les législations humaines. S'il se rencontre peu de grands dévouements, de vertus très-hautes, très-brillantes et très-pures, les habitudes sont rangées, la violence rare, la cruauté presque inconnue. L'existence des hommes devient plus longue et leur propriété plus sûre. La vie n'est pas très-ornée, mais très-aisée et très-paisible. Il y a peu de plaisirs très-délicats et très-grossiers, peu de politesse dans les manières et peu de brutalité dans les goûts. On ne rencontre guère d'hommes très-savants ni de populations très-ignorantes. Le génie devient plus rare et les lumières plus communes. L'esprit humain se développe par les petits efforts combinés de tous les hommes, et non par l'impulsion puissante de quelques-uns d'entre eux. Il y a moins de perfection, mais plus de fécondité dans les œuvres. Tous les liens de race, de classe, de patrie, se détendent ; le grand lien de l'humanité se resserre.

Si, parmi tous ces traits divers je cherche celui qui me paraît le plus général et le plus frappant, j'arrive à voir que ce qui se remarque dans les fortunes se représente sous mille autres formes. Presque tous les extrêmes s'adoucissent et s'émoussent ; presque tous les points saillants s'effacent pour faire place à quelque chose de moyen, qui est tout à la fois moins haut et moins bas, moins brillant et moins obscur que ce qui se voyait dans le monde.

Je promène mes regards sur cette foule innombrable composée d'êtres pareils, où rien ne s'élève ni ne s'abaisse. Le spectacle de cette uniformité universelle m'attriste et me glace, et je suis tenté de regretter la société qui n'est plus.

Lorsque le monde était rempli d'hommes très-grands et très-petits, très-riches et très-pauvres, très-savants et très-ignorants, je détournais mes regards des seconds pour ne les attacher que sur les premiers, et ceux-ci réjouissaient ma vue; mais je comprends que ce plaisir naissait de ma faiblesse: c'est parce que je ne puis voir en même temps tout ce qui m'environne qu'il m'est permis de choisir ainsi et de mettre à part, parmi tant d'objets, ceux qu'il me plaît de contempler. Il n'en est pas de même de l'être tout puissant et éternel dont l'œil enveloppe nécessairement l'ensemble des choses, et qui voit distinctement, bien qu'à la fois, tout le genre humain et chaque homme.

Il est naturel de croire que ce qui satisfait le plus les regards de ce créateur et de ce conservateur des hommes, ce n'est point la prospérité singulière de quelques-uns, mais le plus grand bien-être de tous; ce qui me semble une décadence est donc à ses yeux un progrès; ce qui me blesse lui agrée. L'égalité est moins élevée peut-être; mais elle plus juste, et sa justice fait sa grandeur et sa beauté.

Je m'efforce de pénétrer dans ce point de vue de Dieu; et c'est de là que je cherche à considérer et à juger les choses humaines.

Personne, sur la terre, ne peut encore affirmer d'une manière absolue et générale que l'état nouveau des sociétés soit supérieur à l'état ancien; mais il est déjà aisé de voir qu'il est autre.

Il y a de certains vices et de certaines vertus qui étaient attachés à la constitution des nations aristocratiques, et qui sont tellement contraires au génie des peuples nouveaux qu'on ne saurait les introduire dans leur sein. Il y a de bons penchants et de mauvais instincts qui étaient étrangers aux premiers et qui sont naturels aux seconds; des idées qui se présentent d'elles-mêmes à l'imagination des uns, et que l'esprit des autres rejette. Ce sont comme deux humanités distinctes, dont chacune a ses avantages et ses inconvénients particuliers, ses biens et ses maux qui lui sont propres.

Il faut donc bien prendre garde de juger les sociétés qui naissent avec les idées qu'on a puisées dans celles qui ne sont plus. Cela serait injuste, car ces sociétés différant prodigieusement entre elles, sont incomparables.

Il ne serait guère plus raisonnable de demander aux hommes de notre temps les vertus particulières qui découlaient de l'état social de leurs ancêtres, puisque cet état social lui-même est tombé, et qu'il a entraîné confusément dans sa chute tous les biens et tous les maux qu'il portait avec lui.

Mais ces choses sont encore mal comprises de nos jours.

J'aperçois un grand nombre de mes contemporains qui entreprennent de faire un choix entre les institutions, les opinions, les idées qui naissaient de la constitution aristocratique de l'ancienne société; ils abandonneraient volontiers les unes, mais ils voudraient retenir les autres et les transporter avec eux dans le monde nouveau.

Je pense que ceux-là consument leur temps et leurs forces dans un travail honnête et stérile.

Il ne s'agit plus de retenir les avantages particuliers que l'inégalité des conditions procure aux hommes, mais de s'assurer les biens nouveaux que l'égalité peut leur offrir. Nous ne devons pas tendre à nous rendre semblables à nos pères, mais nous efforcer d'atteindre l'espèce de grandeur et de bonheur qui nous est propre.

Pour moi qui, parvenu à ce dernier terme de ma course, découvre de loin, mais à la fois, tous les objets divers que j'avais contemplés à part en marchant, je me sens plein de craintes et plein d'espérances. Je vois de grands périls qu'il est possible de conjurer; de grands maux qu'on peut éviter ou restreindre, et je m'affermis de plus en plus dans cette croyance que, pour être honnêtes et prospères, il suffit encore aux nations démocratiques de le vouloir.

Je n'ignore pas que plusieurs de mes contemporains ont pensé que les peuples ne sont jamais ici-bas maîtres d'eux-mêmes, et qu'ils obéissent nécessairement à je ne sais quelle force insurmontable et inintelligente qui naît des événements antérieurs, de la race, du sol ou du climat.

Ce sont là de fausses et lâches doctrines, qui ne sauraient jamais produire que des hommes faibles et des nations pusillanimes : la providence n'a créé le genre humain ni entièrement indépendant, ni tout à fait esclave. Elle trace, il est vrai, autour de chaque homme un cercle fatal, dont il ne peut sortir; mais dans ses vastes limites, l'homme est puissant et libre; ainsi des peuples.

Les nations de nos jours ne sauraient faire que dans leur sein les conditions ne soient pas égales; mais il dépend d'elles que l'égalité les conduise à la servitude ou à la liberté, aux lumières ou à la barbarie, à la prospérité ou aux misères.

FIN DU TOME QUATRIÈME.

NOTES.

NOTE PAGE 81.

Je trouve, dans le journal de mon voyage, le morceau suivant qui achèvera de faire connaître à quelles épreuves sont souvent soumises les femmes d'Amérique qui consentent à accompagner leur mari au désert. Il n'y a rien qui recommande cette peinture au lecteur que sa grande vérité.

..... Nous rencontrons de temps à autre de nouveaux défrichements. Tous ces établissements se ressemblent. Je vais décrire celui où nous nous sommes arrêtés ce soir, il me laissera une image de tous les autres.

La clochette que les pionniers ont soin de suspendre au cou des bestiaux pour les retrouver dans les bois, nous a annoncé de très-loin l'approche du défrichement; bientôt nous avons entendu le bruit de la hache qui abat les arbres de la forêt. A mesure que nous approchons, des traces de destruction, nous annoncent la présence de l'homme civilisé. Des branches coupées couvrent le chemin; des troncs à moitié calcinés par le feu ou mutilés par la coignée se tiennent encore debout sur notre passage. Nous continuons notre marche et nous parvenons dans un bois dont tous les arbres semblent avoir été frappés de mort subite; au milieu de l'été, ils ne présentent plus que l'image de l'hiver; en les examinant de plus près, nous apercevons qu'on a tracé dans leur écorce un cercle profond qui, arrêtant la circulation de la sève, n'a pas tardé à les faire périr; nous apprenons que c'est par là en effet que débute ordinairement le pionnier. Ne pouvant, durant la première année, couper tous les arbres qui garnissent sa nouvelle propriété, il sème du maïs sous leurs branches et, en les frappant de mort, il les empêche de porter ombre à sa récolte. Après ce champ, ébauche incomplète, premier pas de la civilisation dans le désert, nous apercevons tout à coup la cabane du propriétaire; elle est placée au centre d'un terrain plus soigneusement cultivé que le reste, mais où l'homme soutient encore cependant une lutte inégale contre la forêt; là les arbres sont coupés mais non arrachés, leurs troncs garnissent encore et embarrassent le terrain qu'ils ombrageaient autrefois. Autour de ces débris desséchés, du blé, des rejetons de chênes, de plantes de toutes espèces, des herbes de toute nature croissent pêle-mêle et grandissent ensemble sur un sol indocile et à demi sauvage. C'est au milieu de cette végétation vigoureuse et variée que s'élève la maison du pionnier, ou comme on l'appelle dans le pays, la *log-house*. Ainsi que le champ qui l'entoure, cette demeure rustique annonce une œuvre nouvelle et précipitée; sa longueur ne nous paraît pas excéder trente pieds, sa hauteur quinze; ses murs ainsi que le toit sont formés de troncs d'arbres non écarris, entre lesquels on a placé de la mousse et de la terre pour empêcher le froid et la pluie de pénétrer dans l'intérieur.

La nuit approchant, nous nous déterminons à aller demander un asile au propriétaire de la log-house.

Au bruit de nos pas, des enfants qui se roulaient au milieu des débris de la forêt se lèvent précipitamment et fuient vers la maison comme effrayés à la vue d'un homme, tandis que deux gros chiens à demi sauvages, les oreilles droites et le museau allongé, sortent de leur cabane et viennent en grommelant couvrir la retraite de leurs jeunes maîtres. Le pionnier paraît lui-même à la porte de sa demeure; il jette sur nous un regard rapide et scrutateur, fait signe à ses chiens de rentrer au logis, il leur en donne lui-même l'exemple sans témoigner que notre vue excite sa curiosité ou son inquiétude.

Nous entrons dans la log-house : l'intérieur n'y rappelle point les cabanes des paysans d'Europe; on y trouve plus le superflu et moins le nécessaire.

Il n'y a qu'une seule fenêtre à laquelle pend un rideau de mousseline; sur un foyer de terre battue pétille un grand feu qui éclaire tout le dedans de l'édifice; au-dessus de ce foyer on aperçoit une belle carabine rayée, une peau de daim, des plumes d'aigles; à droite de la cheminée est étendue une carte des Etats-Unis que le vent soulève et agite en s'introduisant entre les interstices du mur; près d'elle, sur un rayon formé d'une planche mal écarrie, sont placés quelques volumes: j'y remarque la Bible, les six premiers chants de Milton et deux drames de Shakespeare; le long des murs sont placés des malles au lieu d'armoires; au centre se trouve une table grossièrement travaillée, et dont les pieds formés d'un bois encore vert et non dépouillé de son écorce semblent être poussés d'eux-mêmes sur le sol quelle occupe; je vois sur cette table une théière de porcelaine anglaise, des cuillères d'argent, quelques tasses ébréchées et des journaux.

Le maître de cette demeure a les traits anguleux et les membres efflés qui distinguent l'habitant de la Nouvelle-Angleterre; il est évident que cet homme n'est pas né dans la solitude où nous le rencontrons : sa constitution physique suffit pour annoncer que ses premières années se sont passées au sein d'une société intellectuelle, et qu'il appartient à cette race inquiète, raisonnante et aventurière, qui fait froidement ce que l'ardeur seule des passions explique, et qui se soumet pour un temps à la vie sauvage afin de mieux vaincre et de civiliser le désert.

Lorsque le pionnier s'aperçoit que nous franchissons le seuil de sa demeure, il vient à notre rencontre et nous tend la main, suivant l'usage; mais sa physionomie reste rigide; il prend le premier la parole pour nous interroger sur ce qui arrive dans le monde, et quand il a satisfait sa curiosité, il se tait; on le croirait fatigué des importuns et du bruit. Nous l'interrogeons à notre tour, et il nous donne tous les renseignements dont nous avons besoin; il s'occupe ensuite sans empressement, mais avec diligence, de pourvoir à nos besoins. En le voyant ainsi se livrer à ces soins bienveillants, pourquoi sentons-nous malgré nous se glacer notre reconnaissance? c'est que lui-même, en exerçant l'hospitalité, semble se soumettre à une nécessité pénible de son sort: il y voit un devoir que sa position lui impose, non un plaisir.

A l'autre bout du foyer est assise une femme qui berce un jeune enfant sur ses genoux; elle nous fait un signe de tête sans s'interrompre. Comme le pionnier, cette femme est dans la fleur de l'âge, son aspect semble supérieur à sa condition, son costume annonce même encore un goût de parure mal éteint: mais ses membres délicats paraissent amoindris, ses traits sont fatigués, son œil est doux et grave; on voit répandu sur toute sa physionomie une résignation religieuse, une paix profonde des passions, et je ne sais quelle fermeté naturelle et tranquille qui affronte tous les maux de la vie sans les craindre ni les braver.

Ses enfants se pressent autour d'elle, ils sont pleins de santé, de turbulence et d'énergie; ce sont de vrais fils du désert; leur mère jette de temps en temps sur eux des regards pleins de mélancolie et de joie; à voir leur force et sa faiblesse, on dirait qu'elle s'est épuisée en leur donnant la vie, et qu'elle ne regrette pas ce qu'ils lui ont coûté.

La maison habitée par les émigrants n'a point de séparation intérieure ni de grenier. Dans l'unique appartement qu'elle contient, la famille entière vient le soir chercher un asile. Cette demeure forme, à elle seule, comme un petit monde; c'est l'arche de la civilisation perdue au milieu d'un océan de feuillage. Cent pas plus loin, l'éternelle forêt étend autour d'elle son ombre, et la solitude recommence.

NOTE PAGE 83.

Ce n'est point l'égalité des conditions qui rend les hommes immoraux et irreligieux. Mais quand les hommes sont immoraux et irreligieux en même temps qu'égaux, les effets de l'immoralité et de l'irreligion se produisent aisément au dehors, parce que les hommes ont peu d'action les uns sur les autres, et qu'il n'existe pas de classe qui puisse se charger de faire la police de la société. L'égalité des conditions ne crée jamais la corruption des mœurs, mais quelquefois elle la laisse paraître.

NOTE PAGE 125.

Si on met de côté tous ceux qui ne pensent point et ceux qui n'osent dire ce qu'ils pensent, on trouvera encore que l'immense majorité des Américains paraît satisfaite des institutions politiques qui la régissent ; et, en fait, je crois qu'elle l'est. Je regarde ces dispositions de l'opinion publique comme un indice, mais non comme une preuve de la bonté absolue des lois américaines. L'orgueil national, la satisfaction donnée par les législations à certaines passions dominantes, des événements fortuits, des vices inaperçus, et plus que tout cela l'intérêt d'une majorité qui ferme la bouche aux opposants, peuvent faire pendant longtemps illusion à tout un peuple aussi bien qu'à un homme.

Voyez l'Angleterre dans tout le cours du dix-huitième siècle. Jamais nation se prodigua-t-elle plus d'encens ; aucun peuple fut-il jamais plus parfaitement content de lui-même ; tout était bien alors dans sa constitution, tout y était irréprochable, jusqu'à ses plus visibles défauts. Aujourd'hui une multitude d'Anglais semblent n'être occupés qu'à prouver que cette même constitution était défectueuse en mille endroits. Qui avait raison du peuple anglais du dernier siècle ou du peuple anglais de nos jours?

La même chose arriva en France. Il est certain que sous Louis XIV, la grande masse de la nation était passionnée pour la forme du gouvernement qui régissait alors la société. Ceux-ci se trompent grandement qui croient qu'il y eut abaissement dans le caractère français d'alors. Dans ce siècle il pouvait y avoir à certains égards en France servitude, mais l'esprit de la servitude n'y était certainement point. Les écrivains du temps éprouvaient une sorte d'enthousiasme réel en élevant la puissance royale au-dessus de toutes les autres, et il n'y a pas jusqu'à l'obscur paysan qui ne s'enorgueillît dans sa chaumière de la gloire du souverain et qui ne mourût avec joie en criant : Vive le roi ! Ces mêmes formes nous sont devenues odieuses. Qui se trompait des Français de Louis XIV ou des Français de nos jours?

Ce n'est donc pas sur les dispositions seules d'un peuple qu'il faut se baser pour juger ses lois, puisque d'un siècle à l'autre elles changent, mais sur des motifs plus élevés et une expérience plus générale.

L'amour que montre un peuple pour ses lois ne prouve qu'une chose, c'est qu'il ne faut pas se hâter de les changer.

NOTE PAGE 131.

Je viens, dans le chapitre auquel cette note se rapporte, de montrer un péril; je veux en indiquer un autre plus rare, mais qui, s'il apparaissait jamais, serait bien plus à craindre.

Si l'amour des jouissances matérielles et le goût du bien-être que l'égalité suggère naturellement aux hommes, s'emparant de l'esprit d'un peuple démocratique, arrivaient à le remplir tout entier, les mœurs nationales deviendraient si antipathiques à l'esprit militaire, que les armées elles-mêmes finiraient peut-être par aimer la paix en dépit de l'intérêt particulier qui les porte à désirer la guerre. Placés au milieu de cette mollesse universelle, les soldats en viendraient à penser que mieux vaut encore s'élever graduellement mais commodément et sans efforts dans la paix, que d'acheter un avancement rapide au prix des fatigues et des misères de la vie des camps. Dans cet esprit, l'armée prendrait ses armes sans ardeur et en userait sans énergie; elle se laisserait mener à l'ennemi plutôt qu'elle n'y marcherait elle-même.

Il ne faut pas croire que cette disposition pacifique de l'armée l'éloignât des révolutions, car les révolutions et surtout les révolutions militaires qui sont d'ordinaire fort rapides, entraînent souvent de grands périls, mais non de longs travaux; elles satisfont l'ambition à moins de frais que la guerre; on n'y risque que la vie, à quoi les hommes des démocraties tiennent moins qu'à leurs aises.

Il n'y a rien de plus dangereux pour la liberté et la tranquillité d'un peuple qu'une armée qui craint la guerre, parce que, ne cherchant plus sa grandeur et son influence sur les champs de bataille, elle veut les trouver ailleurs. Il pourrait donc arriver que les hommes qui composent une armée démocratique perdissent les intérêts du citoyen sans acquérir les vertus du soldat, et que l'armée cessât d'être guerrière sans cesser d'être turbulente.

Je répéterai ici ce que j'ai déjà dit plus haut. Le remède à de pareils dangers n'est point dans l'armée, mais dans le pays. Un peuple démocratique qui conserve des mœurs viriles trouvera toujours au besoin dans ses soldats des mœurs guerrières.

NOTE PAGE 262.

Les hommes mettent la grandeur de l'idée d'unité dans les moyens, Dieu dans la fin ; de là vient que cette idée de grandeur nous mène à mille petitesses. Forcer tous les hommes à marcher de la même marche, vers le même objet, voilà une idée humaine. Introduire une variété infinie dans les actes, mais les combiner de manière à ce que tous ces actes conduisent par mille voies diverses vers l'accomplissement d'un grand dessein, voilà une idée divine.

L'idée humaine de l'unité est presque toujours stérile, celle de Dieu immensément féconde. Les hommes croient témoigner de leur grandeur en simplifiant le moyen ; c'est l'objet de Dieu qui est simple, ses moyens varient à l'infini.

NOTE PAGE 270.

Un peuple démocratique n'est pas seulement porté par ses goûts à centraliser le pouvoir ; les passions de tous ceux qui le conduisent l'y poussent sans cesse.

On peut aisément prévoir que presque tous les citoyens ambitieux et capables que renferme un pays démocratique travailleront sans relâche à étendre les attributions du pouvoir social, parce que tous espèrent le diriger un jour. C'est perdre son temps que de vouloir prouver à ceux-là que l'extrême centralisation peut être nuisible à l'État, puisqu'ils centralisent pour eux-mêmes.

Parmi les hommes publics des démocraties, il n'y a guère que des gens très-désintéressés ou très-médiocres qui veuillent décentraliser le pouvoir. Les uns sont rares et les autres impuissants.

NOTE PAGE 313.

Je me suis souvent demandé ce qu'il arriverait si, au milieu de la mollesse des mœurs démocratiques et par suite de l'esprit inquiet de l'armée, il se fondait jamais, chez quelques-unes des nations de nos jours, un gouvernement militaire.

Je pense que le gouvernement lui-même ne s'éloignerait pas du tableau que j'ai tracé dans le chapitre auquel cette note se rapporte, et qu'il ne reproduirait pas les traits sauvages de l'oligarchie militaire.

Je suis convaincu que, dans ce cas, il se ferait une sorte de fusion entre les habitudes du commis et celles du soldat. L'administration prendrait quelque chose de l'esprit militaire, et le militaire quelques usages de l'administration civile. Le résultat de ceci serait un commandement régulier, clair, net, absolu ; le peuple devenu une image de l'armée, et la société tenue comme une caserne.

NOTE PAGE 319.

On ne peut pas dire d'une manière absolue et générale que le plus grand danger de nos jours soit la licence ou la tyrannie, l'anarchie ou le despotisme. L'un et l'autre est également à craindre, et peut sortir aussi aisément d'une seule et même cause qui est *l'apathie générale*, fruit de l'individualisme; c'est cette apathie qui fait que le jour où le pouvoir exécutif rassemble quelques forces, il est en état d'opprimer, et que le jour d'après, où un parti peut mettre trente hommes en bataille, celui-ci est également en état d'opprimer. Ni l'un ni l'autre ne pouvant rien fonder de durable, ce qui les fait réussir aisément les empêche de réussir longtemps. Ils s'élèvent parce que rien ne leur résiste, et ils tombent parce que rien ne les soutient.

Ce qu'il est important de combattre, c'est donc bien moins l'anarchie ou le despotisme que l'apathie qui peut créer presque indifféremment l'un ou l'autre.

FIN DES NOTES.

APPENDICE

M. Cherbuliez, professeur de droit public à l'académie de Genève, a publié un ouvrage sur les institutions et les mœurs politiques de son pays, intitulé : *De la Démocratie en Suisse*, et en a fait hommage d'un exemplaire à l'Académie des sciences morales.

Il m'a paru, messieurs, que l'importance du sujet traité par l'auteur méritait qu'on fît du livre un examen spécial; et, pensant qu'un tel examen pourrait offrir quelque utilité, je l'ai entrepris.

Mon intention est de me placer complétement en dehors des préoccupations du moment, comme il convient de le faire dans cette enceinte, de passer sous silence les faits actuels qui ne relèvent point de nous, et de voir, en Suisse, moins les actes de la société politique, que cette société elle-même, les lois qui la constituent, leur origine, leurs tendances, leur caractère. J'espère que, circonscrit de cette manière, le tableau sera encore digne d'intérêt. Ce qui se passe en Suisse n'est pas un fait isolé. C'est un mouvement particulier au milieu du mouvement général qui précipite vers sa ruine tout l'ancien édifice des institutions de l'Europe. Si le théâtre est petit, le spectacle a donc de la grandeur; il a surtout une originalité singulière. Nulle part, la révolution démocratique qui agite le monde ne s'était produite au milieu de circonstances si compliquées et si bizarres. Un même peuple, composé de plusieurs races, parlant plusieurs langues, professant plusieurs croyances, différentes sectes dissidentes, deux églises également constituées et privilégiées; toutes les questions politiques tournant bientôt en questions de religion, et toutes les questions de religion aboutissant à des questions de politique; deux sociétés enfin, l'une très-vieille, l'autre très-jeune, mariées ensemble malgré la différence de leurs âges. Tel est le tableau qu'offre la Suisse. Pour le bien peindre, il eût fallu, à mon avis, se placer plus haut que ne l'a fait l'auteur. M. Cherbuliez déclare dans sa préface, et je tiens l'assertion pour très-sincère, qu'il s'est imposé la loi de l'impartialité. Il craint même que le caractère complétement impartial de son œuvre ne jette une sorte de monotonie sur le sujet. Cette crainte est assurément mal fondée. L'auteur veut être impartial, en effet, mais il n'y parvient point. Il y a dans son livre de la science, de la perspicacité, un vrai talent, une bonne foi évidente qui éclate au milieu même d'approbations passionnées; mais, ce qui ne se voit pas, c'est précisément l'impartialité. On y rencontre tout à la fois beaucoup d'esprit et peu de liberté d'esprit.

Vers quelles formes de société politique tend l'auteur? Cela semble d'abord assez difficile à dire. Quoiqu'il approuve dans une certaine mesure la conduite politique qu'ont suivie, en Suisse, les catholiques les plus ardents, il est adversaire décidé du catholicisme, à ce point qu'il n'est pas éloigné de vouloir qu'on empêche, législativement, la religion catholique de s'étendre dans les lieux où elle ne règne pas. D'une autre part, il est fort ennemi des sectes dissidentes du protestantisme. Opposé au gouvernement du peuple, il l'est aussi à celui de la noblesse ; en religion, une église protestante régie par l'État ; en politique, un état régi par une aristocratie bourgeoise : tel semble être l'idéal de l'auteur. C'est Genève avant ses dernières révolutions.

Mais si l'on ne discerne pas toujours clairement ce qu'il aime, on aperçoit sans peine ce qu'il hait. Ce qu'il hait, c'est la démocratie. Atteint dans ses opinions, dans ses amitiés, dans ses intérêts peut-être, par la révolution démocratique qu'il décrit, il n'en parle jamais qu'en ennemi. Il n'attaque pas seulement la démocratie dans telles ou telles de ses conséquences, mais dans son principe même ; il ne voit pas les qualités qu'elle possède, il poursuit les défauts qu'elle a. Il ne distingue point, entre les maux qui en peuvent découler, ce qui est fondamental et permanent, et ce qui est accidentel et passager ; ce qu'il faut supporter d'elle comme inévitable et ce qu'on doit chercher à corriger. Peut-être le sujet ne pouvait-il pas être envisagé de cette manière par un homme aussi mêlé que l'a été M. Cherbuliez aux agitations de son pays. Il est permis de le regretter. Nous verrons, en poursuivant cette analyse, que la démocratie suisse a grand besoin qu'on l'éclaire sur l'imperfection de ses lois. Mais, pour le faire avec efficacité, la première condition était de ne point la haïr.

M. Cherbuliez a intitulé son œuvre : *De la démocratie en Suisse*. Ce qui pourrait faire croire qu'aux yeux de l'auteur la Suisse est un pays dans lequel on puisse faire sur la démocratie un ouvrage de doctrine, et où il soit permis de juger les institutions démocratiques en elles-mêmes. C'est là, à mon sens, la source principale d'où sont sorties presque toutes les erreurs du livre. Son vrai titre eût dû être : *De la Révolution démocratique en Suisse*. La Suisse, en effet, depuis quinze ans est un pays en révolution. La démocratie y est moins une forme régulière de gouvernement qu'une arme dont on s'est servi habituellement pour détruire et quelquefois défendre l'ancienne société. On peut bien y étudier les phénomènes particuliers qui accompagnent l'état révolutionnaire dans l'ère démocratique où nous sommes, mais non pas y peindre la démocratie dans son assiette permanente et tranquille. Quiconque n'aura pas sans cesse présent à l'esprit ce point de départ, ne comprendra qu'avec peine le tableau que les institutions de la Suisse lui présentent ; et, pour mon compte, j'éprouverais une difficulté insurmontable à expliquer comment je juge ce qui est, sans dire comment je comprends ce qui a été.

On se fait d'ordinaire illusion sur ce qu'était la Suisse lorsque la révolution française éclata. Comme les Suisses vivaient depuis longtemps en république, on se figura aisément qu'ils étaient beaucoup plus rapprochés que les autres habitants du continent de l'Europe, des institutions qui constituent et de l'esprit qui anime la liberté moderne. C'est le contraire qu'il faudrait penser.

Quoique l'indépendance des Suisses fût née au milieu d'une insurrection contre l'aristocratie, la plupart des gouvernements qui se fondèrent alors empruntèrent bientôt à l'aristocratie ses usages, ses lois, et jusqu'à ses opinions et ses penchants. La liberté ne se présenta plus à leurs yeux que sous la forme d'un privilége, et l'idée d'un droit général et préexistant qu'auraient tous les hommes à être libres, cette idée demeura aussi étrangère à leur esprit qu'elle pouvait l'être à celui même des princes de la maison d'Autriche, qu'ils avaient vaincus. Tous les pouvoirs ne tardèrent donc pas à être attirés et retenus dans le sein de petites aristocraties formées ou qui se recrutaient elles-mêmes. Au nord, ces aristocraties prirent un caractère industriel; au midi, une constitution militaire. Mais, des deux côtés, elles furent aussi resserrées, aussi exclusives. Dans la plupart des cantons, les trois quarts des habitants furent exclus d'une participation quelconque, soit directe, soit même indirecte, à l'administration du pays; et, de plus, chaque canton eut des populations sujettes.

Ces petites sociétés, qui s'étaient formées au milieu d'une agitation si grande, devinrent bientôt si stables qu'aucun mouvement ne s'y fit plus sentir. L'aristocratie ne s'y trouvant ni poussée par le peuple, ni guidée par un roi, y tint le corps social immobile dans les vieux vêtements du moyen âge.

Les progrès du temps faisaient déjà pénétrer depuis longtemps le nouvel esprit dans les sociétés les plus monarchiques de l'Europe, que la Suisse lui demeurait encore fermée.

Le principe de la division des pouvoirs était admis par tous les publicistes, il ne s'appliquait point en Suisse. La liberté de la presse, qui existait au moins en fait dans plusieurs monarchies absolues du continent, n'existait en Suisse ni en fait ni en droit; la faculté de s'associer politiquement n'y était ni exercée ni reconnue; la liberté de la parole y était restreinte dans des limites très-étroites. L'égalité des charges, vers laquelle tendaient tous les gouvernements éclairés, ne s'y rencontrait pas plus que celle des droits. L'industrie y trouvait mille entraves : la liberté individuelle n'y avait aucune garantie légale. La liberté religieuse, qui commençait à pénétrer jusqu'au sein des États les plus orthodoxes, n'avait pu encore se faire jour en Suisse. Les cultes dissidents étaient entièrement prohibés dans plusieurs cantons, gênés dans tous. La différence des croyances y créait presque partout des incapacités politiques.

La Suisse était encore en cet état en 1798, lorsque la révolution française pénétra à main armée sur son territoire. Elle y renversa pour un moment les vieilles institutions, mais elle ne mit rien de solide et de stable à la place. Napoléon qui, quelques années après, tira les Suisses de l'anarchie par l'acte de médiation, leur donna bien l'égalité, mais non la liberté, les lois politiques qu'il imposa étaient combinées de manière à ce que la vie publique était paralysée. Le pouvoir, exercé au nom du peuple, mais placé très-loin de lui, était remis tout entier dans les mains de la puissance exécutive.

Quand, peu d'années après, l'acte de médiation tomba avec son auteur, les Suisses n'y gagnèrent point la liberté; ils y perdirent seulement l'égalité. Partout les anciennes aristocraties reprirent les rênes du gouvernement, et remirent en vigueur les principes exclusifs et surannés qui avaient régné avant la révolution. Les choses revinrent alors, dit avec raison M. Cherbuliez, à peu près au point où elles étaient en 1798. On a accusé à tort les rois coalisés d'avoir imposé, par la force, cette restauration à la Suisse. Elle fut faite d'accord avec eux, mais non par eux. La vérité est que les Suisses furent entraînés alors, comme les autres peuples du continent, par cette réaction passagère, mais universelle, qui raviva tout à coup dans toute l'Europe la vieille société ; et, comme chez eux la restauration ne fut pas consommée par des princes dont, après tout, l'intérêt était distinct de celui des anciens privilégiés, mais par les anciens privilégiés eux-mêmes..., elle y fut plus complète, plus aveugle et plus obstinée que dans le reste de l'Europe. Elle ne s'y montra pas tyrannique, mais très-exclusive. Un pouvoir législatif entièrement subordonné à la puissance exécutive ; celle-ci exclusivement possédée par l'aristocratie de naissance ; la classe moyenne exclue des affaires ; le peuple entier privé de la vie politique : tel est le spectacle que présente la Suisse dans presque toutes ses parties jusqu'en 1830.

C'est alors que s'ouvrit pour elle l'ère nouvelle de la démocratie !

Ce court exposé a eu pour but de bien faire comprendre deux choses :

La première, que la Suisse est un des pays de l'Europe où la révolution avait été la moins profonde, et la restauration qui la suivit la plus complète. De telle sorte que les institutions étrangères ou hostiles à l'esprit nouveau, y ayant conservé ou repris beaucoup d'empire, l'impulsion révolutionnaire dut s'y conserver plus grande.

La seconde, que dans la plus grande partie de la Suisse, le peuple, jusqu'à nos jours, n'avait jamais pris la moindre part au gouvernement ; que les formes judiciaires qui garantissent la liberté civile, la liberté d'association, la liberté de parole, la liberté de la presse, la liberté religieuse, avaient toujours été aussi, et je pourrais presque dire, plus inconnues à la grande majorité de ces citoyens des républiques, qu'elles pouvaient l'être, à la même époque, aux sujets de la plupart des monarchies.

Voilà ce que M. Cherbuliez perd souvent de vue, mais ce qui doit être sans cesse présent à notre pensée, dans l'examen que nous allons faire avec soin des institutions que la Suisse s'est données.

Tout le monde sait qu'en Suisse la souveraineté est divisée en deux parts : d'un côté se trouve le pouvoir fédéral, de l'autre les gouvernements cantonaux.

M. Cherbuliez commence par parler de ce qui se passe dans les cantons, et il a raison ; car c'est là qu'est le véritable gouvernement de la société. Je le suivrai dans cette voie, et je m'occuperai comme lui des constitutions cantonales.

Toutes les constitutions cantonales sont aujourd'hui démocratiques ; mais la démocratie ne se montre pas dans toutes sous les mêmes traits.

Dans la majorité des cantons, le peuple a remis l'exercice de ses pouvoirs à des assemblées qui le représentent, et dans quelques-uns il l'a conservée pour lui-même. Il se réunit en corps et gouverne. M. Cherbuliez appelle le gouvernement des premiers des *démocraties représentatives*, et celui des autres *démocraties pures*.

Je demanderai à l'Académie la permission de ne pas suivre l'auteur dans l'examen très-intéressant qu'il fait des démocraties pures. J'ai plusieurs raisons pour agir ainsi. Quoique les cantons qui vivent sous la démocratie pure aient joué un grand rôle dans l'histoire, et puissent en jouer encore un considérable dans la politique, ils donneraient lieu à une étude curieuse plutôt qu'utile.

La démocratie pure est un fait à peu près unique dans le monde moderne et très-exceptionnel, même en Suisse, puisque le treizième seulement de la population est gouverné de cette manière. C'est, de plus, un fait passager.

On ne sait point assez que dans les cantons suisses, où le peuple a le plus conservé l'exercice du pouvoir, il existe un corps représentatif sur lequel il se repose en partie des soins du gouvernement. Or, il est facile de voir, en étudiant l'histoire récente de la Suisse, que graduellement les affaires dont s'occupe le peuple en Suisse sont en moins grand nombre, et qu'au contraire celles que traitent ses représentants deviennent chaque jour plus nombreuses et plus variées. Ainsi, le principe de la démocratie pure perd un terrain que gagne le principe contraire. L'un devient insensiblement l'exception, l'autre la règle.

Les démocraties pures de la Suisse appartiennent d'ailleurs à un autre âge ; elles ne peuvent rien enseigner quant au présent ni quant à l'avenir. Quoiqu'on soit obligé de se servir, pour les désigner, d'un nom pris à la science moderne, elles ne vivent que dans le passé. Chaque siècle a son esprit dominateur auquel rien ne résiste. Vient-il à s'introduire sous son règne des principes qui lui soient étrangers ou contraires, il ne tarde pas à les pénétrer, et, quand il ne peut pas les annuler, il se les approprie et se les assimile. Le moyen âge avait fini par façonner aristocratiquement jusqu'à la liberté démocratique. Au milieu des lois les plus républicaines, à côté du suffrage universel lui-même, il avait placé des croyances religieuses, des opinions, des sentiments, des habitudes, des associations, des familles qui se tenaient en dehors du peuple, le vrai pouvoir. Il ne faut considérer les petits cantons suisses que comme des gouvernements démocratiques au moyen âge. Ce sont les derniers et respectables débris d'un monde qui n'est plus.

Les démocraties représentatives de la Suisse sont, au contraire, filles de l'esprit moderne. Toutes se sont fondées sur les ruines d'une ancienne société aristocratique ; toutes procèdent du seul principe de la souveraineté du peuple ; toutes en ont fait une application presque semblable dans leurs lois.

Nous allons voir que ces lois sont très-imparfaites, et elles suffiraient seules pour indiquer, dans le silence de l'histoire, qu'en Suisse la démocratie et même la liberté sont des puissances nouvelles et sans expérience.

Il faut remarquer d'abord que, même dans les démocraties représentatives de la Suisse, le peuple a retenu dans ses mains l'exercice direct d'une partie de son pouvoir. Dans quelques cantons, après que les lois principales ont eu l'assentiment de la législature, elles doivent encore être soumises au *veto* du peuple. Ce qui fait dégénérer, pour ces cas particuliers, la démocratie représentative en démocratie pure.

Dans presque tous, le peuple doit être consulté de temps en temps, d'ordinaire à des époques rapprochées, sur le point de savoir s'il veut modifier ou maintenir la constitution. Ce qui ébranle à la fois et périodiquement toutes les lois.

Tous les pouvoirs législatifs que le peuple n'a pas retenus dans ses mains, il les a confiés à une seule assemblée, qui agit sous ses yeux et en son nom. Dans aucun canton, la législature n'est divisée en deux branches ; partout elle se compose d'un corps unique ; non-seulement ses mouvements ne sont pas ralentis par le besoin de s'entendre avec une autre assemblée, mais ses volontés ne rencontrent même pas l'obstacle d'une délibération prolongée. Les discussions des lois générales sont soumises à de certaines formalités qui les prolongent, mais les résolutions les plus importantes peuvent être proposées, discutées et admises en un moment, sous le nom de décrets. Les décrets font des lois secondaires quelque chose d'aussi important, d'aussi rapide et d'aussi irrésistible que les passions d'une multitude.

En dehors de la législature, il n'y a rien qui résiste. La séparation et surtout l'indépendance relative du pouvoir législatif, administratif et judiciaire en réalité n'existent pas.

Dans aucun canton, les représentants du pouvoir exécutif ne sont élus directement par le peuple. C'est la législature qui les choisit. Le pouvoir exécutif n'est donc doué d'aucune force qui lui soit propre. Il n'est que la création et ne peut jamais être que l'agent servile d'un autre pouvoir. A cette cause de faiblesse s'en joignent plusieurs autres. Nulle part le pouvoir exécutif n'est exercé par un seul homme. On le confie à une petite assemblée, où sa responsabilité se divise et son action s'exerce. Plusieurs des droits inhérents à la puissance exécutive lui sont d'ailleurs refusés. Il n'exerce point de véto ou n'en exerce qu'un insignifiant sur les lois. Il est privé du droit de faire grâce, il ne nomme ni ne destitue ses agents. On peut même dire qu'il n'a pas d'agents, puisqu'il est d'ordinaire obligé de se servir des seuls magistrats communs.

Mais c'est surtout par la mauvaise constitution et la mauvaise composition du pouvoir judiciaire que les lois de la démocratie suisse sont défectueuses. M. Cherbuliez le remarque, mais pas assez, à mon avis. Il ne semble pas lui-même bien comprendre que c'est le pouvoir judiciaire qui est principalement destiné, dans les démocraties, à être tout à la fois la barrière et la sauve-garde du peuple.

L'idée de l'indépendance du pouvoir judiciaire est une

idée moderne. Le moyen âge ne l'avait point aperçue, ou du moins il ne l'avait jamais conçue que très-confusément. On peut dire que chez toutes les nations de l'Europe la puissance exécutive et la puissance judiciaire ont commencé par être mêlées; en France même où, par une très-heureuse exception, la justice a eu de bonne heure une existence individuelle très-vigoureuse, il est encore permis d'affirmer que la division des deux puissances était restée fort incomplète. Ce n'était pas, il est vrai, l'administration qui retint dans ses mains la justice, ce fut la justice qui attira en partie dans son sein l'administration. La Suisse, au contraire, a été de tous les pays d'Europe celui peut-être où la justice s'est le plus confondue avec le pouvoir politique, et est devenue le plus complétement un de ses attributs. On peut dire que l'idée que nous avons de la justice de cette puissance impartiale et libre qui s'interpose entre tous les intérêts et entre tous les pouvoirs pour les rappeler souvent tous au respect de la loi, cette idée a toujours été absente de l'esprit des Suisses, et qu'elle n'y est encore aujourd'hui que très-incomplétement entrée.

Les nouvelles constitutions ont sans doute donné aux tribunaux une place plus séparée que celle qu'ils occupaient parmi les anciens pouvoirs, mais non une position plus indépendante. Les tribunaux inférieurs sont élus par le peuple et soumis à réélection; le tribunal suprême de chaque canton est choisi non par le pouvoir exécutif, mais par la puissance législative, et rien ne garantit ses membres contre les caprices journaliers de la majorité.

Non-seulement le peuple ou l'assemblée qui le représente choisit les juges, mais ils ne s'imposent pour les choisir aucune gêne. En général, il n'y a point de condition de capacité exigées. Le juge, d'ailleurs, simple exécuteur de la loi, n'a pas le droit de rechercher si cette loi est conforme à la constitution. A vrai dire, c'est la majorité elle-même qui juge par l'organe des magistrats.

En Suisse, d'ailleurs, le pouvoir judiciaire eût-il reçu de la loi l'indépendance et les droits qui lui sont nécessaires, le pouvoir aurait encore de la peine à jouer son rôle, car la justice est une puissance de tradition et d'opinion qui a besoin de s'appuyer sur des idées et des mœurs judiciaires.

Je pourrais aisément faire ressortir les défauts qui se rencontrent dans les institutions que je viens de décrire, et prouver qu'elles tendent toutes à rendre le gouvernement du peuple irrégulier dans sa marche, précipité dans ses résolutions et tyrannique dans ses actes. Mais cela me mènerait trop loin. Je me bornerai à mettre en regard de ces lois celles que s'est données une société démocratique plus ancienne, plus paisible et plus prospère. M. Cherbuliez pense que les institutions imparfaites que possèdent les cantons suisses, sont les seules que la démocratie puisse suggérer ou veuille souffrir. La comparaison que je vais faire prouvera le contraire, et montrera comment, du principe de la souveraineté du peuple on a pu tirer ailleurs, avec plus d'expérience, plus d'art et plus de sagesse, des conséquences différentes. Je prendrai pour exemple l'état de New-York, qui contient à lui seul autant d'habitants que la Suisse entière.

Dans l'état de New-York, comme dans les cantons suisses, le principe du gouvernement est la souveraineté du peuple, mise en action par le suffrage universel. Mais le peuple n'exerce sa souveraineté qu'un seul jour, par le choix de ses délégués. Il ne retient habituellement pour lui-même, dans aucun cas, aucune partie quelconque de la puissance législative, exécutive ou judiciaire. Il choisit ceux qui doivent gouverner en son nom, et jusqu'à la prochaine élection il abdique.

Quoique les lois soient changeantes, leur fondement est stable. On n'a point imaginé de soumettre d'avance, comme en Suisse, la constitution à des révisions successives et périodiques dont la venue ou seulement l'attente tient le corps social en suspens. Quand un besoin nouveau se fait sentir, la législature constate qu'une modification de la constitution est devenue nécessaire, et la législature qui suit l'opère.

Quoique la puissance législative ne puisse pas plus qu'en Suisse se soustraire à la direction de l'opinion publique, elle est organisée de manière à résister à ses caprices. Aucune proposition ne peut devenir loi qu'après avoir été soumise à l'examen de deux assemblées. Ces deux parties de la législature sont élues de la même manière et composées des mêmes éléments; toutes deux sortent donc également du peuple, mais elles ne le représentent pas exactement de la même manière : l'une est chargée surtout de reproduire ses impressions journalières, l'autre ses instincts habituels et ses penchants permanents.

A New-York, la division des pouvoirs n'existe pas seulement en apparence, mais en réalité.

La puissance exécutive est exercée, non par un corps, mais par un homme qui seul en porte toute la responsabilité et en exerce avec décision et avec force les droits et les prérogatives. Élu par le peuple, il n'est point, comme en Suisse, la créature et l'agent de la législature; il marche son égal, il représente comme elle, quoique dans une autre sphère, le souverain au nom duquel l'un et l'autre agis-

sent. Il tire sa force de la même source où elle puise la
sienne. Il n'a pas seulement le nom du pouvoir exécutif,
il en exerce les prérogatives naturelles et légitimes. Il est
le commandant de la force armée, dont il nomme les
principaux officiers; il choisit plusieurs des grands fonctionnaires de l'État; il exerce le droit de grâce, le véto
qu'il peut opposer aux volontés de la législature, sans être
absolu et pourtant efficace. Si le gouverneur de l'État de
New-York est beaucoup moins puissant sans doute qu'un
roi constitutionnel d'Europe, il l'est du moins infiniment
plus qu'un petit conseil de la Suisse.

Mais c'est surtout dans l'organisation du pouvoir judiciaire que la différence éclate.

Le juge, quoiqu'il émane du peuple et dépende de lui,
est une puissance à laquelle se soumet le peuple lui-même.

Le pouvoir judiciaire y tient cette position exceptionnelle de son origine, de sa permanence, de sa compétence,
et surtout des mœurs publiques et de l'opinion.

Les membres des tribunaux supérieurs ne sont pas
choisis, comme en Suisse, par la législature, puissance
collective qui, souvent, est passionnée, quelquefois aveugle,
et toujours irresponsable, mais par le gouverneur de l'État.
Le magistrat une fois institué est considéré comme ina-
movible. Aucun procès ne lui échappe, aucune peine ne
saurait être prononcée que par lui. Non-seulement il interprète la loi, on peut dire qu'il la juge; quand la législature, dans le mouvement rapide des partis, s'écarte de
l'esprit ou de la lettre de la constitution, les tribunaux l'y
ramènent en refusant d'appliquer ses décisions; de sorte
que si le juge ne peut obliger le peuple à garder sa constitution, il le force du moins à la respecter tant qu'elle
existe. Il ne le dirige point, mais il le contraint et le limite.

Le pouvoir judiciaire, qui existe à peine en Suisse, est le véritable modérateur de la démocratie américaine.

Maintenant, qu'on examine cette constitution dans les moindres détails, on n'y découvrira pas un atome d'aristocratie. Rien qui ressemble à une classe, pas un privilége, partout les mêmes droits, tous les pouvoirs sortant du peuple et y retournant, un seul esprit animant toutes les institutions, nulles tendances qui se combattent : le principe de la démocratie a tout pénétré et domine tout. Et pourtant ces gouvernements si complétement démocratiques ont une assiette bien autrement stable, une allure bien plus paisible et des mouvements bien plus réguliers que les gouvernements démocratiques de la Suisse.

Il est permis de dire que cela vient en partie de la différence des lois.

Les lois de l'état de New-York, que je viens de décrire, sont disposées de manière à lutter contre les défauts naturels de la démocratie, les institutions suisses dont j'ai tracé le tableau semblent faites au contraire pour les développer. Ici elles retiennent le peuple, là elles le poussent. En Amérique, on a craint que son pouvoir ne fût tyrannique, tandis qu'en Suisse on semble n'avoir voulu que le rendre irrésistible.

Je ne m'exagère pas l'influence que peut exercer le mécanisme des lois sur la destinée des peuples. Je sais que ce sont à des causes plus générales et plus profondes qu'il faut principalement attribuer les grands événements de ce monde; mais on ne saurait nier que les institutions n'aient une certaine vertu qui leur soit propre, et que par elles-mêmes elles ne contribuent à la prospérité ou aux misères des sociétés.

Si au lieu de repousser d'une manière absolue presque

toutes les lois de son pays, M. Cherbuliez avait fait voir ce qu'elles ont de défectueux et comment on eût pu perfectionner leurs dispositions, sans altérer leur principe, il eût écrit un livre plus digne de la postérité et plus utile à ses contemporains.

Après avoir montré ce qu'est la démocratie dans les cantons, l'auteur recherche l'influence qu'elle exerce sur la confédération elle-même.

Avant de suivre M. Cherbuliez dans cette voie, il est nécessaire de faire ce qu'il n'a pas fait lui-même, de bien indiquer ce que c'est que le gouvernement fédéral, comment il est organisé en droit et en fait, et comment il fonctionne.

Il serait permis de se demander d'abord si les législateurs de la confédération suisse ont voulu faire une constitution fédérale ou seulement établir une ligue, en d'autres termes, s'ils ont entendu sacrifier une portion de la souveraineté des cantons ou n'en aliéner aucune partie. Si l'on considère que les cantons se sont interdit plusieurs des droits qui sont inhérents à la souveraineté et qu'ils les ont concédés d'une manière permanente au gouvernement fédéral, si l'on songe surtout qu'ils ont voulu que dans les questions ainsi abandonnées à ce gouvernement la majorité fît loi, on ne saurait douter que les législateurs de la confédération suisse n'aient voulu établir une véritable constitution fédérale et non une simple ligue. Mais il faut convenir qu'ils s'y sont fort mal pris pour y réussir.

Je n'hésiterai pas à dire qu'à mon sens, la constitution fédérale de la Suisse est la plus imparfaite de toutes les constitutions de ce genre qui aient paru jusqu'ici dans le monde. On se croirait revenu, en la lisant, en plein moyen âge, et l'on ne saurait trop s'étonner en songeant que cette œuvre confuse et incomplète est le produit d'un siècle aussi savant et aussi expérimenté que le nôtre.

On répète souvent, et non sans raison, que le pacte a limité outre mesure les droits de la Confédération, qu'il a laissé en dehors de l'action du gouvernement qui la représente certains objets d'une nature essentiellement nationale, et qui naturellement devraient rentrer dans la compétence de la Diète : tels, par exemple, que l'administration des postes, le règlement des poids et mesures, la fabrication de la monnaie... Et l'on attribue la faiblesse du pouvoir fédéral au petit nombre d'attributions qui lui sont confiées.

Il est bien vrai que le pacte a laissé en dehors de la constitution du gouvernement de la Confédération plusieurs des droits qui reviennent naturellement et même nécessairement à ce gouvernement ; mais ce n'est pas là que réside la véritable cause de sa faiblesse, car les droits que le pacte lui a donnés lui suffiraient, s'il pouvait en faire usage, pour acquérir bientôt tous ceux qui lui manquent, ou, en tous cas, pour les conquérir.

La Diète peut rassembler des troupes, lever de l'argent, faire la guerre, accorder la paix, conclure les traités de commerce, nommer les ambassadeurs. Les constitutions cantonales et les grands principes d'égalité devant la loi sont mis sous sa sauvegarde, ce qui lui permettrait, au besoin, de s'immiscer dans toutes les affaires locales.

Les péages et les droits sur les routes, etc., sont réglés par la Diète, ce qui l'autorise à diriger ou à contrôler les grands travaux publics.

Enfin, la Diète, dit l'art. 4 du pacte, *prend toutes les mesures nécessaires pour la sécurité intérieure et extérieure de la Suisse*, ce qui lui donne la faculté de tout faire.

Les gouvernements fédéraux les plus forts n'ont pas eu de plus grandes prérogatives, et, loin de croire qu'en Suisse la compétence du pouvoir central soit trop limitée, je suis porté à penser que ses bornes ne sont pas assez soigneusement posées.

D'où vient donc qu'avec de si beaux priviléges le gouvernement de la Confédération a, d'ordinaire, si peu de pouvoir? La raison en est simple : C'est qu'on ne lui a pas donné les moyens de faire ce qu'on lui a concédé, le droit de vouloir.

Jamais gouvernement ne fut mieux retenu dans l'inertie et plus condamné à l'impuissance par l'imperfection de ses organes

Il est de l'essence des gouvernements fédéraux d'agir non pas au nom du peuple, mais au nom des états dont la Confédération se compose. S'il en était autrement, la constitution cesserait immédiatement d'être fédérale.

Il résulte de là, entre autres conséquences nécessaires et inévitables, que les gouvernements fédéraux sont habituellement moins hardis dans leurs résolutions et plus lents dans leurs mouvements que les autres.

La plupart des législateurs des confédérations se sont efforcés, à l'aide de procédés plus ou moins ingénieux, dans l'examen desquels je ne veux pas entrer, à corriger en partie ce vice naturel du système fédéral. Les Suisses l'ont rendu infiniment plus sensible que partout ailleurs, par les formes particulières qu'ils ont adoptées. Chez eux, non-seulement les membres de la diète n'agissent qu'au nom des différents cantons qu'ils représentent, mais ils ne prennent en général aucune résolution qui n'ait été prévue ou ne soit approuvée par ceux-ci. Presque rien n'est laissé à leur libre arbitre; chacun d'eux se croit lié par un mandat impératif, imposé d'avance ; de telle sorte que la diète est une assemblée délibérante où, à vrai dire, on n'a aucun intérêt à délibérer, où l'on parle non pas devant ceux qui doivent prendre la résolution, mais devant ceux qui ont seulement le droit de l'appliquer. La diète est un gouvernement qui ne veut rien par lui-même, mais qui se borne à réaliser ce que vingt-deux autres gouvernements ont séparément voulu ; un gouvernement qui, quelle que soit la nature des événements, ne peut rien décider, rien prévoir, pourvoir à rien. On ne saurait imaginer une combinaison qui soit plus propre à accroître l'inertie naturelle du gouvernement fédéral, et à changer sa noblesse en une sorte de débilité sénile.

Il y a bien d'autres causes encore qui, indépendamment des vices inhérents à toutes constitutions fédérales, expliquent l'impuissance habituelle du gouvernement de la Confédération suisse.

Non-seulement la Confédération a un gouvernement débile, mais on peut dire qu'elle n'a pas de gouvernement qui lui soit propre. Sa constitution, sous ce rapport, est unique dans le monde. La Confédération met à sa tête des chefs qui ne la représentent pas. Le directoire, qui forme le pouvoir exécutif de la Suisse, est choisi non par la diète, encore moins par le peuple helvétique ; c'est un gouvernement de hasard que la Confédération emprunte tous les deux ans à Berne, à Zurich ou à Lucerne. Ce pouvoir élu par les habitants d'un canton pour diriger les affaires d'un canton, devient ainsi accessoirement la tête et le bras de tout le pays. Ceci peut assurément passer pour une des plus grandes curiosités politiques que l'histoire des lois humaines présente. Les effets d'un pareil état de choses sont toujours déplorables et souvent très-extraordinaires.

Rien de plus bizarre, par exemple, que ce qui est arrivé en 1839. Cette année-là la diète siégeait à Zurich, et la Confédération avait pour gouvernement le directoire de l'État de Zurich. Survient à Zurich une révolution cantonale. Une insurrection populaire renverse les autorités constituées. La Diète se trouve aussitôt sans président, et la vie fédérale demeure suspendue jusqu'à ce qu'il plaise au canton de se donner d'autres lois et d'autres chefs. Le peuple de Zurich, en changeant son administration locale, avait sans le vouloir décapité la Suisse.

La Confédération eût-elle un pouvoir exécutif en propre, le gouvernement serait encore impuissant à se faire obéir, faute d'action directe et immédiate sur les citoyens. Cette cause de faiblesse est plus féconde à elle seule que toutes les autres ensemble ; mais, pour qu'elle soit bien comprise, il faut faire plus que de l'indiquer.

Un gouvernement fédéral peut avoir une sphère d'action assez limitée et être fort ; si dans cette sphère étroite il peut agir par lui-même, sans intermédiaire, comme le font les gouvernements ordinaires dans la sphère illimitée où ils se meuvent ; s'il a ses fonctionnaires qui s'adressent directement à chaque citoyen, ses tribunaux qui forcent chaque citoyen de se soumettre à ses lois ; il se fait obéir aisément, parce qu'il n'a jamais que des résistances individuelles à craindre, et que toutes les difficultés qu'on lui suscite se terminent par des procès.

Un gouvernement fédéral peut au contraire avoir une sphère d'action très-vaste et ne jouir que d'une autorité très-faible et très-précaire, si, au lieu de s'adresser individuellement aux citoyens, il est obligé de s'adresser aux gouvernements cantonaux ; car si ceux-ci résistent, le pouvoir fédéral trouve aussitôt en face de lui moins un sujet qu'un rival, dont il ne peut avoir raison que par la guerre.

La puissance d'un gouvernement fédéral réside donc bien moins dans l'étendue des droits qu'on lui confère, que dans la faculté plus ou moins grande qu'on lui laisse de les exercer par lui-même : il est toujours fort quand il peut commander aux citoyens ; il est toujours faible quand il est réduit à ne commander qu'aux gouvernements locaux.

L'histoire des confédérations présente des exemples de ces deux systèmes. Mais, dans aucune confédération, que je sache, le pouvoir central n'a été aussi complétement privé de toute action directe sur les citoyens qu'en Suisse. Là, il n'y a, pour ainsi dire, pas un de ses droits que le gouvernement fédéral puisse exercer par lui-même. Point de fonctionnaires qui ne relèvent que de lui, point de tribunaux qui représentent exclusivement sa souveraineté. On dirait un être auquel on aurait donné la vie, mais qu'on aurait privé d'organes.

Telle est la constitution fédérale ainsi que le pacte l'a faite. Voyons maintenant, en peu de mots, avec l'auteur du livre que nous analysons, quelle influence exerce sur elle la démocratie.

On ne saurait nier que les révolutions démocratiques qui ont successivement changé presque toutes les constitutions cantonales, depuis quinze ans n'aient eu sur le gouvernement fédéral une grande influence ; mais cette influence s'est énervée en deux sens fort opposés. Il est très-nécessaire de se rendre bien compte de ce double phénomène.

Les révolutions démocratiques qui ont eu lieu dans les cantons ont eu pour effet de donner à l'existence locale plus d'activité et de puissance. Les gouvernements nouveaux, créés par ces révolutions, s'appuyant sur le peuple, et, poussés par lui, se sont trouvé tout à la fois une force plus grande et une idée plus haute de leur force que ne pouvaient en montrer les gouvernements qu'ils avaient renversés. Et comme une rénovation semblable ne s'était point faite en même temps dans le gouvernement fédéral, il devait en résulter, et il en résulta en effet, que celui-ci se trouva comparativement plus débile vis-à-vis ceux-là qu'il ne l'avait été auparavant. L'orgueil cantonal, l'instinct de l'indépendance locale, l'impatience de tout contrôle dans les affaires intérieures de chaque canton, la jalousie contre une autorité centrale et suprême, sont autant de sentiments qui se sont accrus depuis l'établissement de la démocratie ; et, à ce point de vue, l'on peut dire qu'elle a affaibli le gouvernement déjà si faible de la Confédération, et il a rendu sa tâche journalière et habituelle plus laborieuse et plus difficile.

Mais, sous d'autres rapports, elle lui a donné une énergie, et pour ainsi dire une existence qu'il n'avait pas.

L'établissement des institutions démocratiques en Suisse a amené deux choses entièrement nouvelles.

Jusqu'alors, chaque canton avait un intérêt à part, un esprit à part. L'avénement de la démocratie a divisé tous les Suisses, à quelques cantons qu'ils appartinssent, en deux partis : l'un, favorable aux principes démocratiques ; l'autre, contraire. Il a créé des intérêts communs, des idées, des passions communes qui ont senti pour se satisfaire le besoin d'un pouvoir général et commun qui s'étendît en même temps sur tout le pays. Le gouvernement fédéral a ainsi possédé, pour la première fois, une grande force dont il avait toujours manqué ; il a pu s'appuyer sur un parti ; force dangereuse, mais indispensable dans les pays libres, où le gouvernement ne peut presque rien sans elle.

En même temps que la démocratie divisait la Suisse en deux partis, elle rangeait la Suisse dans l'un des grands partis qui se partagent le monde ; elle lui créait une politique extérieure ; si elle lui donnait des amitiés naturelles, elle lui créait des inimitiés nécessaires ; pour cultiver et contenir les unes, surveiller et repousser les autres, elle lui faisait sentir le besoin irrésistible d'un gouvernement. A l'esprit public local elle faisait succéder un esprit public national.

Tels sont les effets directs par lesquels elle fortifiait le gouvernement fédéral. L'influence indirecte qu'elle a exercée et exercera surtout, à la longue, n'est pas moins grande.

Les résistances et les difficultés qu'un gouvernement fédéral rencontre sont d'autant plus multiples et plus fortes, que les populations confédérées sont plus dissemblables par leurs institutions, leurs sentiments, leurs coutumes et leurs idées. C'est moins encore la similitude des intérêts que la parfaite analogie des lois, des opinions et des conditions sociales, qui rendent la tâche du gouvernement de l'Union américaine si facile. On peut dire de même que l'étrange faiblesse de l'ancien gouvernement fédéral en Suisse était due principalement à la prodigieuse différence et à la singulière opposition qui existait entre l'esprit, les vues et les lois des différentes populations qu'il avait à régir. Maintenir sous une même direction et renfermer dans une même politique des hommes si naturellement éloignés, et si dissemblables les uns des autres, était l'œuvre la plus laborieuse. Un gouvernement beaucoup mieux constitué, et pourvu d'une organisation plus savante, n'y aurait pas réussi. L'effet de la révolution démocratique qui s'opère en Suisse est de faire prévaloir successivement dans tous les cantons certaines institutions, certaines maximes de gouvernement, certaines idées semblables ; si la révolution démocratique augmente l'esprit d'indépendance des cantons vis-à-vis du pouvoir central, elle facilite, d'un autre côté, l'action de ce pouvoir ; elle supprime, en grande partie, les causes de résistance, et, sans donner aux gouvernements cantonaux plus d'envie d'obéir au gouvernement fédéral, elle leur rend l'obéissance à ses volontés infiniment plus aisée.

Il est nécessaire d'étudier avec grand soin les deux effets contraires que je viens de décrire, pour comprendre l'état présent et prévoir l'état prochain du pays.

C'est en ne faisant attention qu'à l'une de ces deux tendances qu'on est induit à croire que l'avénement de la démocratie dans les gouvernements cantonaux aura pour effet immédiat et pour résultat facile d'étendre législativement la sphère du gouvernement fédéral, de concentrer dans ses mains la direction habituelle des affaires locales ; en un mot, de modifier, dans le sens de la centralisation, toute l'économie du pacte. Je suis convaincu, pour ma part, qu'une telle révolution rencontrera encore, pendant longtemps, plus d'obstacles qu'on ne le suppose. Les gouvernements cantonaux d'aujourd'hui ne montreront pas beaucoup plus de goût que leurs prédécesseurs pour une révolution de cette espèce, et ils feront tout ce qu'ils pourront pour s'y soustraire.

Je pense toutefois que, malgré ces résistances, le gouvernement fédéral est destiné à prendre de jour en jour plus de pouvoir en cela. Les circonstances le serviront plus que les lois. Il n'accroîtra peut-être pas très-visiblement ses prérogatives, mais il en fera un autre et plus fréquent usage. Il grandira beaucoup en fait, restât-il le même en droit; il se développera plus par l'interprétation que par le changement du pacte, et il dominera la Suisse avant d'être en état de la gouverner.

On peut prévoir également que ceux mêmes qui jusqu'à présent se sont le plus opposés à son extension régulière, ne rarderont pas à la désirer, soit pour échapper à la pression intermittente d'un pouvoir si mal constitué, soit pour se garantir de la tyrannie plus prochaine et plus pesante des gouvernements locaux.

Ce qu'il y a de certain, c'est que désormais, quelles que soient les modifications apportées à la lettre du pacte, la constitution fédérale de la Suisse est profondément et irrévocablement altérée. La Confédération a changé de nature. Elle est devenue en Europe une chose nouvelle; une politique d'action a succédé pour elle à une politique d'inertie et de neutralité; de purement municipale son existence est devenue nationale; existence plus laborieuse, plus troublée, plus précaire et plus grande.

A. DE TOCQUEVILLE,
Membre de l'Institut.

TABLE

TROISIÈME PARTIE.

Influence de la démocratie sur les mœurs proprement dites.

Chapitre I. — Comment les mœurs s'adoucissent à mesure que les conditions s'égalisent. 1
Chapitre II. — Comment la démocratie rend les rapports habituels des Américains plus simples et plus aisés. 11
Chapitre III. — Pourquoi les Américains ont si peu de susceptibilité dans leur pays, et se montrent si susceptibles dans le nôtre. 17
Chapitre IV. — Conséquence des trois chapitres précédents. 25
Chapitre V. — Comment la démocratie modifie les rapports du serviteur et du maître. 29
Chapitre VI. — Comment les institutions et les mœurs démocratiques tendent à élever le prix et à raccourcir la durée des baux. 47
Chapitre VII. — Influence de la démocratie sur les salaires. 53
Chapitre VIII. — Influence de la démocratie sur la famille. 59
Chapitre IX. — Éducation des jeunes filles aux États-Unis. 71
Chapitre X. — Comment la jeune fille se retrouve sous les traits de l'épouse. 77
Chapitre XI. — Comment l'égalité des conditions contribue à maintenir les bonnes mœurs en Amérique. 83

CHAPITRE XII. — Comment les Américains comprennent l'égalité de l'homme et de la femme. 97

CHAPITRE XIII. — Comment l'égalité divise naturellement les Américains en une multitude de petites sociétés particulières. 105

CHAPITRE XIV. — Quelques réflexions sur les manières américaines. 109

CHAPITRE XV. — De la gravité des Américains, et qu'elle ne les empêche pas de faire souvent des choses inconsidérées. 117

CHAPITRE XVI. — Pourquoi la vanité nationale des Américains est plus inquiète et plus querelleuse que celle des Anglais. 125

CHAPITRE XVII. — Comment l'aspect de la société, aux États-Unis, est tout à la fois agité et monotone. 130

CHAPITRE XVIII. — De l'honneur aux États-Unis et dans les sociétés démocratiques. 137

CHAPITRE XIX. — Pourquoi on trouve aux États-Unis tant d'ambitieux et si peu de grandes ambitions. 162

CHAPITRE XX. — De l'industrie des places chez certaines nations démocratiques. 175

CHAPITRE XXI. — Pourquoi les grandes révolutions deviendront rares. 179

CHAPITRE XXII. — Pourquoi les peuples démocratiques désirent naturellement la paix, et les armées démocratiques naturellement la guerre. 205

CHAPITRE XXIII. — Quelle est, dans les armées démocratiques, la classe la plus démocratique et la plus révolutionnaire. 219

CHAPITRE XXIV. — Ce qui rend les armées démocratiques plus faibles que les autres armées en entrant en campagne, et plus redoutables quand la guerre se prolonge. 227

CHAPITRE XXV. — De la discipline dans les armées démocratiques. 237

CHAPITRE XXVI. — Quelques considérations sur la guerre dans les sociétés démocratiques. 241

QUATRIÈME PARTIE.

De l'influence qu'exercent les idées et les sentiments démocratiques sur la société politique.

CHAPITRE I. — L'égalité donne naturellement aux hommes le goût des institutions libres. 254

CHAPITRE II. — Que les idées des peuples démocratiques en matière de gouvernement sont naturellement favorables à la concentration des pouvoirs. 257

Chapitre III. — Que les sentiments des peuples démocratiques sont d'accord avec leurs idées pour les porter à concentrer le pouvoir. 265

Chapitre IV. — De quelques causes particulières et accidentelles qui achèvent de porter un peuple démocratique à centraliser le pouvoir ou qui l'en détournent. 273

Chapitre V. — Que parmi les nations européennes de nos jours, le pouvoir souverain s'accroît, quoique les souverains soient moins stables. 285

Chapitre VI. — Quelle espèce de despotisme les nations démocratiques ont à craindre. 309

Chapitre VII. — *Suite des chapitres précédents.* 321

Chapitre VIII. — *Vue générale du sujet.* 339

Notes. 347

Appendice. 361

FIN DE LA TABLE.

www.ingramcontent.com/pod-product-compliance
Lightning Source LLC
Chambersburg PA
CBHW060052190426
43201CB00034B/739